多彩教育系列丛书

友善用脑让课堂更精彩

李洪祥 编著

北京日报出版社

图书在版编目（ＣＩＰ）数据

友善用脑让课堂更精彩 / 李洪祥主编. -- 北京 ：
北京日报出版社, 2017.9
　　ISBN 978-7-5477-2679-2

　　Ⅰ. ①友… Ⅱ. ①李… Ⅲ. ①小学－课堂教学－教案
(教育)－教学研究 Ⅳ. ①G622.421

中国版本图书馆 CIP 数据核字(2017)第 157596 号

友善用脑让课堂更精彩

出版发行：北京日报出版社
地　　址：北京市东城区东单三条 8-16 号　东方广场东配楼四层
邮　　编：100005
电　　话：发行部：（010）65255876
　　　　　总编室：（010）65252135
印　　刷：山东旺源印刷包装有限公司
经　　销：各地新华书店
版　　次：2017 年 09 月第 1 版
　　　　　2020 年 01 月第 2 次印刷
开　　本：787 毫米×1092 毫米　　1/16
印　　张：14.5
字　　数：181 千字
定　　价：39.80元

编委会

序

世界是丰富多彩的，儿童的生活本应也是多彩的。然而，长期以来由于受"应试教育"的影响，学校教育偏离了受教育者和社会发展的根本需要，往往以选拔少数"精英"为目的，以单纯应付检测、考试取代全面发展，以牺牲学生生动、活泼、主动的学习为代价。如此这般，使得尚在成长期的儿童的学习生活变得枯燥、单一，原本是多彩的童年成了灰色……世界是丰富多彩的，丰富多彩的世界需要丰富多彩的思维，只有丰富多彩、顺应学生思维规律的教育，才能使学生兴趣爱好、个性特长得到充分发展，培养出丰富多彩的人才。

适合每个孩子发展的教育才是好的教育。一所学校应该有一个面向所有学生的课程体系。北京印刷学院附属小学为了使每个学生都能拥有一个多彩的童年，成为一个能够享受学习快乐的人，他们把"多彩人生教育"作为学校课程建设的主旨，构建适合学生发展的课程体系。通过课堂教学改革实践，改变原有的单一、枯燥的学习方式，让课堂丰富多彩，使学生的童年绚烂多姿，让每个孩子充满能力和自信。

2015 年学校引入了"友善用脑"理念，以课题研究的形式推进课堂教学改革。"友善用脑"理念强调依据学生的学情来确定教学，不但关注学生学习的起点，还强调从学生身心发展规律角度调节学生的学习状态，培养学生的学习能力，激发学生的学习动力，让学生真正成为学习的主人。

2015 年 6 月，北印附小申报了教育部全国教育科学"十二五"规划重点课题"基于学习科学的友善用脑课堂教学实践研究"的子课题"基于友善用脑的教学课例研究"。课例既是该课题研究的载体，又是研究的成效体现。学校在研究过程中，以学科组为单位推动课题的深入开展，语文、数学、英语、体育、科学几个学科都积极参与。一年多的时间里，各组教师结合各自的研究主题进行了多轮备课、展示和反思，逐渐积累了一些较为典型的课例作品，也形成了一些有效的教学策略、方法。

北印附小的探索，促进了每个学生的全面发展，释放了每个学生的个性和潜能，让学校、课堂和每个孩子都发生了很大变化。我们有理由相信，随着"友善用脑"课题研究的不断深入，北印附小教师的教育理念不断转变，教师的教学方法不断改进，北印附小的教师和学生必将进一步享受教育改革的快乐，体味教育实践的幸福。

李 荐

2017 年 3 月

目 录

第三部分　友善用脑之活动评价

绪　论

一、课题研究的背景

（一）选题缘由

随着北京市基础教育《学科教学改进意见》的颁布，各学校都开始关注和审视在学科教学中存在的问题。其中，对教与学关系的把握和对教学方式的选择成为当前考量学科教学的重要方面。《学科教学改进意见》中明确指出要"依据课程标准开展教学"，"切实转变学科教与学方式"。在传统的课堂教学中，教师往往只是用单一的教学方式，即"我讲你听，我说你做"。于是，那些顺应教师教学方式的学生，会被认定为"好"学生，而不适应我们的教学方法的学生，则被称为是"差"学生。这种教学观和学生观使得很多教师不能站在学生学习的角度去思考教学问题，不能依据学生的年龄特点和学习特点去设计教学流程，进而造成学科课堂教学的低效。

我校是一所新建校，教师大部分来自农村校，35—45岁的教师占教师队伍的75%，趋于中年化。各学科课堂教学方式还较为单一，以教师为中心的教育观念还很突出，这很大程度上限制了教师教学品质的提升，削弱了学生学习的主动性和创造性，更不利于学校教育文化的形成。为此，我们确定了"基于'友善用脑'的教学课例研究"这一主题，旨在通过本课题的研究，践行新型的教育教学理论，调整教师教育观和教学观，探索具有学科教学特点的教学策略和教学方法，促进教师学科课堂教学方式的转变。

（二）研究意义

本课题研究重点立足"北京市义务教育课程改革实验教材"，以课例研究的方式在语文、数学、英语等学科参考友善用脑理论，探索具有学科特点的课堂教学方式，形成既有操作性，又有推广价值的教学策略、

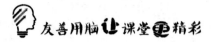

教学方法，使友善用脑理念更具科学性和实践性。

通过课例研究，锻炼和提升教师的教学能力和研究能力，促使大家形成科学的教育观和学生观，调整"教与学"的关系，使课堂教学面貌发生明显改观。

在研究过程中，逐步实现学生课堂学习方式的转变，使大部分学生能够真正通过自主、合作、探究进行学习，提高课堂学习实效。

（三）核心概念界定

友善用脑：它的英文原文来自于三个词：Brainfriendly（友好的、亲切的、朋友般的）；Braincom patible（相容的、谐和的、一致的）；Brain fitness（适当、恰当、健康），在翻译过程中确定为"友善用脑"。它是新西兰教育专家克里斯蒂·沃德应用最新的神经学、心理学研究成果，结合她一生的教育实践，总结出来的教育理念和方法。友善用脑是一种以人为本的教育理念，它的核心内容主要有：

1. 每个学生都是天生的学习者。友善用脑认为，每个学生都是天生的学习者，大脑通过感觉器官把经验转化成知识和记忆，人的学习潜能是无限的，学习失败是因为缺少适当的学习方法和教学方法。由于每个学生的大脑不同，每个学生建立知识体系和记忆的方式也不同，教师应欣赏和充分利用每个学生大脑的特点，挖掘每个学生的潜力。学生是学习的主体，学校的任务是使学生学会学习、主动学习，体现了学习过程的个性化和自主化。

2. 如果学生不能适应教师的教学方法，教师就要教会学生以他们自己的方法学会学习。友善用脑提倡以学生为中心的教学方式，认为学习困难源于教室环境或教学方法不适合学生的学习风格，教学内容通常经由教师高度处理和概括，常常仅适合教师自己的学习风格，而不适合大多数学生。因此，教师应该适应不同特点的学生，并教会学生用他们自己的方法学习。

3. 让每个学生都能轻松学习。友善用脑认为，如果教学方法得当，所有学生都能轻松学习，教师应帮助学生消除环境、身体、情感上的压

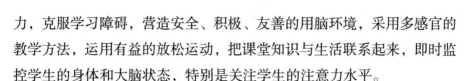

力，克服学习障碍，营造安全、积极、友善的用脑环境，采用多感官的教学方法，运用有益的放松运动，把课堂知识与生活联系起来，即时监控学生的身体和大脑状态，特别是关注学生的注意力水平。

课例研究：教师在同事或研究人员的支持下，运用观察、记录、分析、反思等手段，通过选题、选课、设计、实施与记录、课后讨论、撰写课例研究报告的过程对课堂教学进行研究的活动。

二、文献综述

友善用脑是学习科学理念在课堂教学和学生学习活动中的具体体现，21世纪初在美国、英国、加拿大、澳大利亚、新西兰等国家的学校开展，这种把先进的教育理念和便于操作、颇具实效的教学方法相结合的课堂教学范式得到了越来越多的学生和老师们的肯定与赞扬。

2003年，友善用脑开始引入国内。2004年，北京市澳罗拉国际教育文化交流中心与北京市社会科学院合作，联合确立了北京市哲学社会科学"十五"规划课题《学习型社会中友善用脑的研究与实验》。北京市共有大中小学50所学校400多名教师参加实验。2006年，友善用脑课题实验开始在南京等多个中小学和职业学校进行。经过这些年，友善用脑的研究已经从理论探讨逐渐深入到关注每个教学环节、聚焦于具体方法和策略运用的课堂细化研究，积累了丰硕的研究成果。

北京海淀区永泰小学在友善用脑研究过程中对"教与学"的关系进行了深入探讨，认识到学生是课堂教学的主体，一种教学理念是否先进，教学方法是否科学有效，学生最有发言权。学校依托友善用脑理念形成了一些行之有效的教学策略和教学方法。

（1）变"听说"为"参与"。单一的讲授教学让孩子们厌倦，学习效果也不好。学生不能参与课堂教学的体验和感悟活动，就丧失了内在生成、自主学习的能力。教师们改变了传统的教学方法，把思维导图、音乐、健脑操等新型教学方式引入课堂，提高学生们的课堂学习效率。

（2）从"形式"到"意识"。学校从课题实验初期的只注重桌椅码放、环境布置转化为更加关注教师、学生的学习意识。教师在课上能够更多地关注学生，发挥他们的主体作用，并能有意识地掌握和应用多种先进教学手段。

（3）改"应试"成"展示"。学校在友善用脑英语教学实验中取消了传统的书面检测，但要求每个班有一首英语班歌，要有一句英语口号。结业时，每个小组都要编创一个生活短剧，每个孩子都要承担一个角色，都要在舞台上开口、演戏。这不仅能展示孩子们的英语水平，还能锻炼他们的综合能力。在这样的学习中，孩子们真正成为了学习的主人。

南京市东山小学在友善用脑研究中探索转变学生学习方式的途径，初步形成友善用脑课堂教学的基本策略。他们强调学生在学会学习中获得发展，把教学重点落在培养学生科学的学习方式上，通过友善用脑的理念和方法使学生健康地、智慧地学习，实现全脑学习，努力让学生在轻松快乐的学习环境中用自己的学习方式高效地学习。其中具体路径包括：

（1）依据学情调查，科学组建团队。

（2）运用自学导航有效自主学习。

（3）合作交流展示，高效解决问题。

（4）梳理巩固提升，自我建构新知。

总的看来，现有的友善用脑课堂教学策略，为实施素质教育、推进新课改，促进科学的教学方式的形成提供了多方面的参考。友善用脑的理念强调依据学生的学情来确定教学，更重要的是依据学生的学情来帮助学生主动地学习，不但关注学生学习的起点，而且是从科学用脑的角度调节学生的学习状态，培养学生的学习能力，激发学生的学习动力，让学生真正成为学习的主人。所有这些教学策略和方法为实施素质教育，为教师由"主导型"向"指导型"转变，改"教师教"为"学生学"，推进新课改提供了参考和借鉴。但是，目前各友善用脑实验校研究形成的课堂教学范式环节相对统一，教学策略、方法也更多的适用于少数学科（语文、数学、英语等）的部分课型，而在更多学科的课堂教学实践中还有一定的局限，有待于教育者结合具体的教学课例进行深入研究，

形成更具学科特点、更具实效性的教学方式、策略和方法。

三、研究设计

（一）研究目标和研究假设

1. 研究目标。

（1）参照友善用脑理论，研究形成以学生为主体，具有自主、合作、探究特点的学科课堂教学方式。

（2）践行友善用脑理论，获得具有语文、数学、英语等不同学科特点的，操作性较强、易于推广的教学策略、方法。

（3）通过研究，使教师形成科学的教育观、教学观，达到师生的共同成长。

2. 研究假设。

本课题研究旨在根据学生学习的生理、心理特点，依据友善用脑的理论，通过课例研究的方式，探索符合学生学习规律的、具有自主、合作特色的学科教学方式，改善传统教学中以教师为主体，"我讲你听，我说你做"的单一教学形式，探索友善用脑理念在学科教学中的价值。

（二）研究内容

1. 语文学科课例研究，重点从研发语文"综合实践课"入手，运用友善用脑理论探索培养学生语文实践能力的策略、方法。

2. 数学学科课例研究，重点从学习团队建设入手，研究发挥学生主动性，提高自主、合作、探究能力的策略、方法。

3. 英语学科课例研究，重点从课堂教学活动设计入手，研究提高学生英语口语表达能力的策略和方法。

4. 体育学科课例研究，重点从课堂环境创设入手，研究根据学生年龄特点，使他们愉快学习的策略和方法。

5. 科学学科课例研究，重点从课堂评价设计入手，研究有效开展科学课堂探究活动的策略和方法。

（三）研究方法

文献研究法：通过文献检索，对基于学习科学和教育学这两种不同

理论支点下的课堂教学和促进学生学习方面的差异进行对比辨析，对学习科学理论下课堂教学的新变化、新发展等进行理论梳理。

行动研究法：根据每个阶段研究活动的效果调整相关研究内容和方法。如：对教师们在每一次活动中表现出来欠缺的理论认识进行培训等。

课例研究法：通过在各学科进行课例的观摩、研讨、分析，探究友善用脑课堂教学的形式、策略、方法，培养教师的教学能力和科研意识。

四、研究的重点和难点

研究的重点：深入学习、了解友善用脑理论，通过在不同学科教学实践中验证友善用脑课堂教学范式的科学性和实效性，并通过不同学科的课例研究运用学习科学理论和学科教学理论及时调整完善课堂教学流程，形成具体、可操作的教学方法和策略，在发展友善用脑理论方面进行积极探索和实践。

研究的难点：引导课题实验教师转变重教轻学的传统教学观念，立足友善用脑理论和学科特点尝试调动、挖掘学生的学习潜能，发挥学生的主动性，让学生学会学习、热爱学习，探索提升学科课堂教学实效的策略和方法。

五、研究的实施计划

第一阶段 2015 年 4 月—2015 年 6 月

通过学习、培训，了解基于学习科学的友善用脑理论，分析友善用脑理念在不同学科运用的现状，发现其优势和局限。建立学科研究团队，结合学科、学生特点制定研究子课题，设计研究计划。

1. 组织理论培训。对各位实验教师进行"友善用脑"理论的培训，使大家系统了解该理论的内容以及相关概念、策略，对比分析该理论在不同学科运用中的优势与局限。

2. 组建学科团队。以语文、数学、英语、科学、体育学科为重点，选择具有教学研究能力的骨干教师组成学科研究团队。

3. 制定研究计划。各学科团队在学科负责人的带领下结合前期的培训反思梳理本学科的相关问题，归纳研究主题，设计出学科组研究计划，

在交流研讨的基础上确定研究步骤。

第二阶段　2015 年 6 月—2016 年 1 月

各学科课题实验团队立足友善用脑理论和学科特点通过课例研究的方式探索调动、挖掘学生的学习潜能，发挥学生的主动性，让学生学会学习、热爱学习，探索提升学科课堂教学实效的策略和方法。

1. 布置研究任务。各学科组依据研究计划分阶段安排学期研究任务，使每位参与教师了解整体的研究进程，明确自己的职责和任务。

2. 实施课例研究。各学科组按照研究计划有次序地开展学科课例研究，严格研究步骤，相关负责人全程参与研究，把握研究进程，指导研究方法。

3. 组织交流研讨。定期组织学科组之间的经验交流和问题会诊，及时发现研究过程中的困难，聘请课题专家予以指导和引领。

4. 形成过程材料。各组及时布置并收集过程材料，如：教学设计、教学实录、课例反思、学习笔记等等，为研究提供第一手材料。

第三阶段　2016 年 3 月—2016 年 6 月

通过不同学科的教学课例研究，探索友善用脑课堂教学的形式，并运学科教学理论及时调整完善课堂教学流程，在减轻学生学习负担，提高学生学习能力，更新教师教学策略方面进行积极探索。

1. 提炼典型课例。各学科组在积累的课例中选择有代表性的作品进行分析、梳理，归纳出重点的课堂教学策略以及值得思考的问题。

2. 跨学科交流。组织跨学科组的课例展示和研讨活动，通过团队合作的形式提炼适合相关学科的教学策略，集体破解难点问题，修正研究的偏差。通过专家的引领和点拨提升研究的成效。

3. 形成阶段成果。结合交流，归纳总结自己的阶段研究报告。

4. 教学策略检验。在教学中尝试相关教学策略，检验研究成果的有效度。

第四阶段　2016 年 9 月—2017 年 3 月

各学科研究团队总结、汇报、交流各自的研究成果，课题组进行课

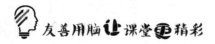

题成果梳理，形成课题研究研究报告，申请结题。

1. 学科研究总结。各学科结合研究材料梳理提炼，形成研究总结。

2. 学科研究交流。进行不同学科的成果交流，专家点评提升。

3. 形成课题报告。撰写课题研究报告。

（基于"友善用脑"的教学课例研究为北京市大兴区"十二五"教育科研规划课题，课题批准号：15GHX083）

第一部分

友善用脑之活动设计

卖木雕的少年

王　静

一、课标要求

《语文课程标准》中指出：语文课程是一门学习语言文字运用的综合性、实践性课程。学生是语文学习的主体。因此，在教学中要充分发挥学生在学习中的主体地位，注重激发学生的学习兴趣，注意培养学生自主学习的意识和习惯，引导学生掌握语文学习的方法，为学生创设有利于自主、合作、探究的学习环境。在教学过程中，不仅要重视学生知识的积累情况，更要着眼于全面提高学生的语文素养，增强语文实践能力，培养创新精神，促使学生全面发展。

二、学习目标

1. 有感情地朗读课文。

2. 抓住人物语言体会卖木雕少年的质朴善良。

3. 感受非洲人民对中国人民的友谊。

三、学习重、难点

教学重点：体会卖木雕少年的质朴善良。

教学难点：感受非洲人民对中国人民的友谊。

四、学情分析

四年级的学生已具备默读能力，有一定的分角色朗读的基础。学生已初步学会了自读自悟，初步形成了分析问题、解决问题的能力。能够自己读懂课文内容，理解课文意思，但要深入理解文本，入情入境去感悟文章语言的描写还是有一定的难度。本次教学通过抓住关键字词，以及朗读，学生可以通过人物语言和动作描写去体会人物的感情。由于本课是"国际理解和友好"主题单元的一篇精读课文，对于非洲这个遥远的大洲，学生所知甚少，所以需要教师补充一些中非两国互助的资料，帮助学生理解文章的背景。

五、学习过程（课堂实录）

（一）导入新课

师：今天我想和大家聊聊一个非常特别的地方，老师出示课件，瞧，这是哪？

生：——非洲。

师补充资料，配合图片：非洲位于亚洲的西南面，是世界上第二大洲。这里有大片大片的沙漠，有神秘的金字塔和狮身人面像，以及狮子、大象……还有各种各样的野生动物。非洲美不美？

【效果分析】我采用这样的课前活动，意在充分激发孩子们的兴趣，为课堂中的亲切对话奠定基础。同时带领学生走进非洲特有的自然景观之中，将孩子和遥远的非洲拉近距离。也为本课开头的设疑作好铺垫，为对比文中自然景观和人文景观埋下伏笔。

师：今天，咱们学习的这个故事就是发生在这美丽的地方。题目就是——出示课题《卖木雕的少年》，学生齐读。

师：伸出手指，跟我一起写课题。买字上面一个十，这就是——生：卖。

老师板书课题，学生齐读。

请大家打开书，自己先来读读课文，注意把字读准，把句子读通顺，遇到难读的地方可以多读几遍，放声地读吧。

学生自读课文。

师：刚才大家读课文的时候都很认真，想必上面的词语肯定难不倒你。

老师用课件出示词语。

生1：读第一行词语。驮着、掏钱、犹豫、标准。

师：真棒！都读对了。

生2：读第一行词语。驮着、掏钱、犹豫、标准。

生3：当小老师领着大家读词语。驮着、掏钱、犹豫、标准。

师：小老师当得真棒！第二行你来读。

生4：读第二行词语，诚恳、遗憾、宾馆、座凳。

师：谁来当小老师领着大家读。

生5：领读第二行词语，诚恳、遗憾、宾馆、座凳。

师：第三组要难了。老师出示词卡

学生齐读：名不虚传、游人如织。

师：细心的孩子肯定发现了这两个四字词语在课文中是形容大瀑布的，这个大瀑布的名字叫——莫西奥图尼亚大瀑布。

老师举起词语卡，先指名读词语，再齐读词语。

师：这莫西奥图尼亚大瀑布不仅是非洲著名的景点，还是世界三大瀑布之一呢，想看吗？睁大眼睛看好了。

（老师播放图片，学生发出"哇！"的赞叹声）

师：从这个赞叹声里，老师听出来了，想必同学们都发现了这大瀑布呀，确实很美，不是空有虚名的，正如课文中的一个词说的——

师：出示词语：名不虚传，学生齐读。

师：难怪，每年有那么多游客来来往往的，就像织布机一样，穿梭往来，真是——

师：出示词语，游人如织，学生齐读。

师：这两个词语就是形容大瀑布的，放到句子里，你们能读好吗？

学生自己练习读句子。

老师出示第四组词语：琳琅满目、各式各样、构思新奇、栩栩如生、爱不释手，请一个学生读。

师：太好了，都读对了。大家一起把这几个词语大声地读一读。

生：齐读

师：你发现了吗？这组词语在课文中都是描写什么的呀？

生：木雕。

师：是的，这些词语都是形容木雕的，快看看课文中是怎么写的？

老师出示句子。

让一名学生读，琳琅满目，各式各样。

师：我要表扬你，给她掌声。（学生鼓掌）

师：你不单把词语读对了，还读出了词语的味道，琳琅满目，各式各样，被你这么一读呀，让我们一下就感觉到摊点上的木雕很多。

师范读，谁也能这样读？

学生读。

还有这两个词，谁能读出味道来？

生：读词语：构思新奇，栩栩如生。

师：瞧你多会读呀！栩栩如生，就像活的一样，大家感觉到了没有？

师：真好！谁来读一读含有"爱不释手"的句子？

生：读句子。

师：是呀，喜欢得都舍不得放下了。这就是——爱不释手。

师：我听到刚才有的同学在下面读，你们一定也想试一试，我们一起来读。生：齐读句子。

师：咱们班的同学可真能干，把这些词语读得有滋有味的，不过单把词语读好还不够，还要把课文读得通透、流利，读懂它。

（二）整体感知

师：那么这篇课文讲了一件什么事呢？谁能用自己的话概括一下？（学生不出声）有点难是吗？

引导：可以找找课文中出现了哪两个人物呀？

生：我、卖木雕的少年。

师：文中的我，和卖木雕的——少年。（板书：我　少年）

师：我想干什么？——买木雕（板书：箭头，买，木雕）

师：我买到木雕了吗？

生：没有。

师：是啊，我想买一个木雕，但是没有买成，最后怎么样？

生：最后呀，卖木雕的少年送了一个木雕给"我"。（板书，箭头）

师：谁能看着板书把它连起来说一说？

生：我想买木雕可是没买成，最后，少年送我一个木雕。

师：太好了，谁也能像他一样说？

生 1：不出声音（说不上来）。

师：有点难是吧，没关系，再想想。

师：和你的同桌说一说。

生：同桌互说。

师：瞧，抓住课文中的关键词语，我们就能把故事的内容说得既简单又清楚。

师：孩子们，为什么作者游览了美丽的非洲之后，不选名不虚传、游人如织的大瀑布，也不选琳琅满目，各式各样的木雕工艺品，而是选了一位——卖木雕的少年作为我们课文的题目呢？

接下来，请大家自己读读课文 4~15 自然段，边默读，边找出描写黑人少年语言、动作的词句，遇到特别使你感动的地方，做上记号。好，读吧！

生：自由读课文。

【效果分析】精心设计的提问很简单，却能充分激发孩子们走入文本的兴趣。这比一大堆讲述更有效。只有真正激起思考的浪花，下面的读文才有意义，后面的师生交流才存在有效性。

（三）精读课文

交流：你找到了哪些描写黑人少年的词语或句子呢？咱们来交流一下。

生 1："你买一个吧"……

生 2：那少年走到我跟前……

生 3：少年连连摆手……

生 4："您是中国人吧"……

生 5：这个小……

师：你也找到这个句子的举手，课件出示，请一位同学读。"一模一样"词语变颜色，学生读词。

师：孩子们，要找到这样一个一模一样的小座凳，容易吗？

生：不容易。

师：你想象一下，少年为了找到这样一个一模一样的木雕，他可能做了什么？

生：用了很长时间。

师：多久？

生：半天。

师：他还可能做了什么？

生：重新雕刻了一个。

师：这一模一样的小座凳，花了少年不少心血呢！那作者拿到这个小座凳，心情怎样啊？

生：很高兴。

师：放到这个句子里，读一读。

生：读句子。

师：啊！原来是一个木雕小座凳！而且和白天的一模一样，多高兴啊！

师：看，这里还有一个词语——沉甸甸（课件标注）这个词哪里也出现过啊？

生：读前文中含有"沉甸甸"的句子。

师：谢谢你！大家看，这两个"沉甸甸"的意思一样吗？

生：一样、不一样。

师：我们来看，第一个沉甸甸是说这个座凳——重

第二个是——小座凳，小座凳多大呀？这么大？这么大？（老师用双手比划座凳的大小）也重吗？

师：你觉得这个小座凳还包含着？

生：少年对我的友情。

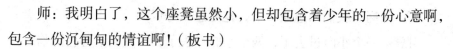

师：我明白了，这个座凳虽然小，但却包含着少年的一份心意啊，包含一份沉甸甸的情谊啊！（板书）

师：我们再来看，这句话除了高兴，还包含着什么？

生：情谊

师：还包含着一份沉甸甸的感激和感动。谁来读。

生1读

师：你感受到了，谁再来读？

生2读

师：和白天见到的一模一样，却只有拳头大小，谁再来读？

生3读

师：是的，和白天见到的一模一样啊！你还找到了别的句子了吗？

生：他笑了，露出……

生：那位少年的眼睛里流露出一丝遗憾的神情。

师：你读懂少年眼里流露出的那一丝遗憾了吗？他为什么而感到遗憾？

是这样吗？我们把这个问题保留着，待会儿再来解答。还有别的句子吗？

生：暮色中……

师：你找得真好！和老师找的一样。师读第一句，你们等过人吗？那是一种什么感觉？

生：非常焦急，非常希望他能快点儿来。

生：非常累。

生：很无聊。

师：我们来看，这少年和我们有约吗？

生：没有。

师：但他是在这里专门等候我的。这是一种多么真诚的情谊呀。谁能把这种感动读出来？

生：指名读。

师：是啊，我们来想象一下，他是怎么等候的？

引导：一个小时过去了，两个小时过去了，一直到了暮色降临，少年仍在那里耐心地等待。这是多么执着呀。谁再来读？

生1读

师：是啊，他可是专门在这里等候我的。

生2读

师：他是带着专门为我雕刻的小座凳在这里等候我的。你读……

生3读

师：读得多好啊，看来你已经读懂了。卖木雕的少年为什么要这样等候我呢？为什么我能得到这样的款待呢？

生猜：想跟他做朋友。

生：因为中国人就是他的朋友。

师：为什么中国人是他的朋友呢？老师这里补充一段资料。

（教师读文本）

课件出示：我们中国人民和非洲人民有着深厚的情谊，20世纪60年代，中国为非洲援建了坦赞铁路。全长1860公里，全线工程浩大，技术复杂，施工条件异常困难。穿越坦、赞部分高山、峡谷、湍急的河流、茂密的原始森林，高峰时期在现场施工的中国员工队伍多达16万人，在施工过程中，中方有64人为之献出了宝贵生命。

师：听着、看着这些资料，现在你能理解了吗？知道为什么卖木雕的少年要这么做了吗？

生：因为中国人帮助过他们，中国人是他们的朋友。

生：中国人用自己的生命帮助他们。

生：中国人曾经救过他们，他们非常感动，而且很多人付出了宝贵的生命。

……

师：是呀，看来大家都看懂了，都听懂了，那是因为中国人与非洲人民之间有着一份沉甸甸的情谊呀！（板画：心形）

所以，才有了课文中这样的一幕幕，课件出示句子：

师：因为我们是朋友，所以——

生：读句子，少年的眼睛里流露出一丝遗憾的神情。

师：因为我们是朋友，所以——

生：他是专门在这里等候我的。

师：因为我们是朋友，所以——

生：少年将一件沉甸甸的东西送到我手里。

师：还因为我们是朋友啊，所以——

生：少年连连摆手，用不太标准的中国话说："不，不要钱，中国人是我们的朋友。"

师：这所有的一切都是因为——中国人是我们的朋友。

【效果分析】挖掘文本的深度，在精心的解读之后，引导学生的理解时，才能让复杂的问题明朗化、清晰化，而不是简单地只看表层，不管内涵。为此，研读文本和进行教学设计时，都要注意对学生进行思维训练的深度和广度。

（四）点题

师：孩子们，读到这里，你能明白为什么作者不选美丽的莫西奥图尼亚大瀑布，不选精美的木雕，而要选卖木雕的少年来作为课文的题目吗？

师：那是因为中国人民和非洲人民之间有一份沉甸甸的情谊。

（五）练笔

师：播放音频，图片。

师：铁路上的火车已经启程了。作者将离开这个美丽的地方，告别这个友好、善良的异国朋友，朋友送朋友，你觉得作者"我"想对卖木雕的少年说些什么呢？如果你是这位少年，你会对这位夫人，这位中国朋友说些什么呢？请你写在练习纸上。

生：练笔。

师生交流小练笔。

（六）结束语

孩子们，在这节课上，我们认识了一位卖木雕的少年，同时也体会到了一份珍贵的国际友谊。非常高兴今天和同学们度过了美妙的一节课时光，谢谢大家，下课！

七、教学反思

《卖木雕的少年》是四年级上册第七单元的一篇精读课文，课文讲的是一位非洲少年对中国人民的友谊。"我"到非洲旅行时，想买一个非洲木雕做纪念，又担心路途遥远，木雕沉重，不便携带，只好放弃。非洲少年为了不让我带着遗憾离开非洲，他等在宾馆门前，送给我一个方便携带的木雕小座凳。教学后，我觉得有些可以反思一下。

语文教学要注重语言的积累、感悟和应用。词句的积累是最常见的。课文中出现了许多四字的词语。如"名不虚传、游人如织、构思新奇、爱不释手"等，很多词语是学生第一次接触到的语言材料。我有意地引导学生把它们从文中找出来，积累下来。

引导学生学会搜集和课文相关的资料，丰富对文本的理解，拓宽文本视野。在世界各地的游客中，少年为什么单单会说"中国人是我们的朋友呢？"这和本课的背景有关，作者游览的非洲国家是赞比亚莫西奥图尼亚大瀑布，中国曾经在20世纪60、70年代援助过非洲，给非洲人民留下美好的印象。课前我在黑板报上登了这些资料，起到了帮助，有的学生在课外也搜到了一些。

品读重点词句，体会文章的情感。例如在体会"我"的遗憾时，引导学生在文中找出能体会我遗憾的句子。在品读句子的同时，抓住"构思新奇、爱不释手、语无伦次"等词语，体会木雕的精美，"我"很喜欢却不能带走的心情。为少年真诚地赠送木雕作好铺垫。

教给发散思维方法，想象人物的内心世界。想象那个少年当时在想什么。阅读是为了更好地写作，本文的教学难点是通过描写少年言行的句子，体会他对中国人民的友谊。教学中我引导学生找出这样的句子，通过补白想象，揣摩少年的内心，体会少年对中国人民的友谊，更好地刻画少年的品质。在有感情朗读对话的基础上，学生的内心已经有了一定的语言，再让他们写几句话夸夸这位黑人少年，让读写紧密结合起来。

但是教学永远是一门缺憾的艺术，教师总是在缺憾中进步。这节课的最大缺憾有两点：在学生找不齐与"遗憾"相关的句子时，我没能指导学生再读课文，准确找到句子。在学生有一部分不爱举手回答问题时，我显得无计可施了。

（北京市义务教育课程改革试验教材四年级语文）

走进印刷博物馆

王 超

一、课标要求

《语文课程标准》中指出：综合性学习主要体现为语文知识的综合运用、听说读写能力的整体发展。友善用脑理论认为，每个学生都是天生的学习者，大脑通过感觉器官把经验转化成知识和记忆，人的学习潜能是无限的。基于以上两点，开展本次以学生为主体的语文综合实践活动。

二、学习目标

1. 掌握博物馆学习的方法，学会从众多展品当中汲取营养，加深对印刷文化的了解，提高综合素质。

2. 在活动中，提高搜集和整理信息的能力，培养团队意识。

3. 了解中华民族悠久而辉煌的印刷文化，感受古代人民的聪明才智，产生民族自豪感。

三、学习重点、难点

学习重点：了解中华民族悠久而辉煌的印刷文化，感受古代人民的聪明才智，产生民族自豪感。

学习难点：掌握博物馆学习的方法，学会从众多展品当中汲取营养，加深对印刷文化的了解，提高综合素质。

四、学情分析

五年级的学生乐于参与实践活动，希望了解中国的传统文化，并且已经初步具备了基本的表达能力和搜集处理信息的相关经验。走进印刷博物馆的活动，可以说是迎合了同学的兴趣。

同学们乐于参与其中，每个人对事物的认识和思维方式不同，为了发挥每个人的特点，在活动前期，学生可以根据自己的意愿自由结组，确定本组研究的问题。组内讨论设计学习单，由组长分配本组同学的任务，带着任务进行参观，最后将资料汇总，共同完成本组的学习单。最后每个小组展示学习成果，提高自己的口头表达能力和语文素养。

五、学习过程（课堂实录）

（一）情境创设

师：同学们，印刷术被称为人类的"文明之母"，为了更好地了解印刷文化，我们之前走进了印刷博物馆进行实践活动。下面对前期的内容进行回顾。（播放回顾活动的短片）

师：去博物馆参观完以后，同学们都有很多的收获，请五个组分别汇报自己的收获。

【效果分析】通过播放视频，既是对前期活动进行总结，又使学生放松了心态。学生能够在短片中看到自己的身影，非常兴奋，激发了他们的兴趣。

（二）小组交流汇报，逐层深入了解印刷文化

1. 文字的载体组。

（1）文字载体的变化。（以图文结合的方式进行汇报）

生 1（汇报）：同学们，你们知道从古至今，承载文字的载体经历了哪些变化？

生 1：陶器、甲骨文、丝帛、竹简。

生 1：中国是世界上使用文字载体最为丰富的国家，从陶器、兽骨、青铜、玉石，竹木，丝帛直到真正意义的纸的发明。

生 1：讲述竹木、丝帛、纸发明的过程。

（2）每种书写材料具有的文化功能，承载的文化内涵。

生 1（汇报）：同学们你们知道刻在这些兽骨上的文字叫什么？

生 1：甲骨文。

生 1（汇报）：你们知道这些甲骨文有什么意义吗？

生 2（汇报）：这些文字是商王朝用龟甲兽骨占卜凶吉时写刻的卜辞和与占人有关的记事文字。金文是指铸刻在青铜器上的文字。石刻文书上记载的内容主要是儒家、佛教、道教经典等。同学们知道最早的正规书籍是刻在什么上面的吗？

生 1：竹木。

生 2（汇报）：竹木是我国最早的正式书籍；丝帛内容极为丰富，包括四时、天象、月忌、创世神话等；纸的发明，为社会提供了优质、轻便、价廉的书写材料，一定程度上促进了书籍的发展。

（3）教师总结。

师：从文字载体组的汇报中，你们知道了什么？（板书：载体）

生 1：我知道了文字载体的种类及刻在载体上文字的意义。

师：南北朝是纸写本的繁荣时代，写抄本的盛行，使书籍产量大增，促进了文化的传播，同时也产生了一个问题。请雕版印刷组的同学进行汇报。

【效果分析】小组当中有两人参与汇报，学生能够根据自身的特点，灵活分配汇报的内容，体现了他们思考的过程，真正做到以学生为主体。

2. 雕版印刷组。

（1）介绍雕版印刷是如何应运而生的。

生 1（汇报）：请同学们观看西游雕版印刷的视频，再结合自己课前查阅的资料，思考雕版印刷是如何应运而生的？

生 1：抄写经书的需要。

生 1（汇报）：第一，就是佛教的兴盛。第二，因为朝廷政府对科举制度的推崇。

（2）介绍雕版印刷。

（3）介绍雕版印刷存在的弊端。

生 2（汇报）：虽然雕版印刷术曾经进入鼎盛时期，但是它有什么弊端呢？

生1：费时、费力、错字不易更正。

生2（汇报）：雕版印刷术很费时、费力，而且错字不易更正，版也很大，几乎没有空间来存放它。

（4）教师总结。

师：从他们组的汇报中，你们知道了什么？（板书：雕版）

生1：我知道了雕版印刷术有很大的弊端。

生2：我知道了雕版印刷术是如何发明的。

师：雕版印刷术有哪些弊端呢？你能评价一下他们的汇报吗？

生3：声音洪亮，介绍得清楚。

师：雕版印刷术有这么多弊端，哪组同学能解决这些问题呢？有请印刷术的发展组。

【效果分析】播放视频，调动学生的多种感官参与，引出发明雕版印刷术的必要性，进而介绍雕版印刷。一问一答，体会到雕版印刷在使用过程中存在的弊端，进而发明活字印刷。

3. 印刷术的发展组。

（1）活字印刷术。

①生1（汇报）：讲毕昇发明活字印刷的故事——《聪明的毕昇》。

②生1（汇报）：播放毕昇发明胶泥活字印刷的视频。

③活字印刷在捡字时存在的问题。

生1（汇报）：活字印刷术虽然方便，你们知道工人有哪些烦恼吗？

生1：字太多了，捡字时特别麻烦。

生1（汇报）：活字发明虽是一种进步，但汉字数量多，排列复杂，拆版还字都非常困难。你们知道谁解决了这个问题吗？

生2：王祯发明了王氏转盘。

（2）介绍王氏转盘。

（3）教师总结。

师：同学们，从他们组的汇报中，你们知道了什么？（板书：活字）

生1：我知道王氏转盘需要两个人操作，一个人负责坐着捡字，一个人负责站着校对。

生2：活字印刷术存在不易找字的弊端，王氏转盘解决了这个问题。

师：印刷术是中国古代的四大发明之一，后来不断地传入他国，那是我们中国人的骄傲。同学们一定很想知道，印刷术都传入了哪些国家？又是怎样传过去的。有请印刷术外传组进行汇报。

【效果分析】视频的引入，不但调动了学生的感官，而且调动了学生参与学习的积极性。学生能够主动去探究活字印刷术给工人带来的烦恼，将知识内化云心。汇报的内容有条理。

4. 印刷术外传组。

（1）讲解印刷术传到的国家。

生1（汇报）：播放讲解员讲述中国印刷术外传的视频。通过观看视频，同学们知道印刷术都传到了哪些国家吗？

生1：越南、菲律宾、朝鲜、日本、伊拉克、波斯。

生1（汇报）：由洛阳向东传入朝鲜，由朝鲜传入日本。洛阳向南传入越南。由长安向西沿丝绸之路，分别传入敦煌、楼兰、中亚、西亚、伊利汗国、欧洲。

（2）讲解印刷术传到这些国家的方式。

（3）以小故事的形式讲述中国的印刷术是如何传到阿拉伯的。

（4）教师总结。

师：同学们，从他们组的汇报中，你们知道了哪些内容？（板书：外传）

生1：我知道了印刷术传到了哪些国家及用什么方式传过去的。

【效果分析】视频的引入，真实再现了学生参与印刷博物馆时讲解员讲解印刷术外传的过程，激发学生原本的认知。学生回忆印刷术传到的国家，感受印刷术对世界印刷产生的影响。

（三）博物馆专家介绍印刷中应注意的问题——绿色印刷

师：印刷的目的在于文化的传承与发展，在印刷过程中我们要注意

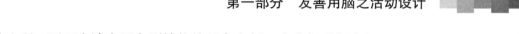

什么呢？下面有请中国印刷博物馆的高老师，为我们进行介绍。

高老师从绿色印刷的定义，绿色印刷怎么实现，绿色印刷的好处和绿色印刷与生活四个方面进行介绍。

【效果分析】通过博物馆专家的介绍，学生了解到要选择环保的印刷材料，对印刷过程中产生的废弃材料要进行回收。

（四）畅想未来，感受印刷之外的信息传播的方式

师：社会发展到如今，信息传播的方式有很多，目前关于人们喜欢的信息传播的途径，同学们进行了前期的调查，有请畅想未来小组进行汇报。

1. 以调查报告的方式呈现目前人们喜欢的信息传播的方式。

生1（汇报）：我们制作完调查问卷后，把问卷分别发给五一班的十名同学，五二班的十位父母，六一班的十位爷爷奶奶。

生2（汇报）：通过这个调查报告我们可以看出，无论是学生、中年人还是老年人，大多数都喜欢用网络获取信息，因为方便快捷。

2. 同学们畅想将来信息传播的途径有哪些？

生2（汇报）：接下来看看我们组的畅想。（1）发送信息的机器人。（2）超自动鞋。请同学们来畅想一下未来会有哪些信息传播的途径？

生1：未来会有一种高科技眼镜，在保护眼睛的同时，还能传递信息。

生2：未来可能会有一种漂亮的项链，如果项链发出光芒了，就证明有新消息了。

生3：未来可能会有一种帽子，既能遮阳，听音乐，又能传递信息。

3. 教师总结。

师：听了同学们对未来的畅想，老师很欣慰，同学们都很有想象力，希望你们长大后能够将这些畅想的内容发明出来。（板书：未来）

【效果分析】通过发放调查问卷，撰写调查报告，可以清晰地呈现目前人们喜欢的信息传播的方式，以此对将来信息传播的途径进行畅想。

4. 谈一谈本次实践活动的收获。

师：活动已经接近尾声，谁来谈谈自己的收获？

生 1：我知道了印刷术传到的国家。

生 2：知道了有关印刷的许多知识，并且畅想了未来。

生 3：我知道文字在不同的载体上，有不同的意义。

生 4：通过这次实践活动，我会制作了调查问卷，而且语言表达能力有所提高。

（五）延展作业设计，促进学生继续研究

师：关于韩国声称活字印刷术起源于他国的说法，大家对这个问题有什么看法呢？可以用今天学到的知识，课下搜集信息，讨论这个问题。

【效果分析】给学生创造条件，鼓励学生继续探索。活动虽然结束了，但是学生对于研究印刷文化的热情并没有减退，希望学生能以此问题为切入口，继续研究印刷文化。

六、课后反思

开展本次语文综合实践活动，我意图通过走进印刷博物馆这样一种符合学生需求，契合学生特点的活动形式，为学生搭建一个了解中国传统文化的实践平台，锻炼学生能力，促进学生全面发展。

（一）以学生为主体，把课堂还给学生

友善用脑理论认为，学生是天生的学习者。所以本次活动采取团队合作的学习方式，减少了学生因个人学习差异而产生的学习压力，充分调动了学生参与活动的积极性。全班学生分为文字载体组、雕版印刷组、印刷术的发展组、印刷术的外传及畅想未来组。学生可以根据自己的意愿自由地选择小组，自己设计任务单，根据本组任务搜集、整理资料，最后将资料进行汇总，以课件的形式进行交流汇报。可以看到，学生所汇报的内容有一定的层次，而且视频与故事的引入，充分调动了学生的积极性，体现了学生的主体性。

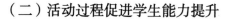

（二）活动过程促进学生能力提升

在开展本次实践活动时，我们将前期活动过程与课堂展示汇报相结合。在活动前期，充分锻炼了学生搜集信息的能力；参观结束后，整理资料过程中锻炼了学生处理信息的能力；在汇报过程中，锻炼学生口头表达及应变学生回答的能力，做到真正提高学生的能力。

（北京市义务教育课程改革试验教材五年级语文）

分数的初步认识

郝海艳

一、课标要求

《课标》指出："有效的数学学习活动不能单纯的依赖模仿与记忆，动手实践，自主探索与合作交流是学生学习数学的重要方式。"因此在教学中，教师可以借助形象、直观的材料，通过学生的动手实践，帮助学生初步建立分数的概念，让学生经历"做数学"的过程。友善用脑理念强调要相信学生的学习能力，也就是要求一定要把学习的主动权还给学生，让学生在活动中获取知识。

二、学习目标

1. 初步认识几分之一，理解几分之一的含义，会读、会写简单的分数，知道分数各部分的名称。

2. 通过直观演示、观察、操作、自主探究、合作交流等学习途径，培养抽象、概括能力。

3. 体验分数来自生活实际的需要，感受数学与生活的联系，激发对数学的好奇心和兴趣。

三、学习重点、难点

重点：理解分数的含义，初步建立几分之一的概念。

难点："几分之一"概念的形成。初步认识分母、分子表示的含义。

四、学情分析

学生在学习《几分之一》前，已经认识了整体与部分之间的关系，理解了"对半平分"的含义，初步体会到整体和部分是相对的。但分数无论在意义上，还是在读写方法上以及计算方法上，它们都有很大的差异。而三年级的学生年龄还小，接受能力弱，他们的形象思维能力强，抽象思维能力弱。因此，本节课主要是通过"平分"蛋糕、对折纸片等一系列活动，让学生借助实物、图形，直观地认识几分之一。

五、教学过程（课堂实录）

（一）创设情境，引入新课

师：春天来了，住在花果山上的小猴一家准备去野餐，猴妈妈给他的2只猴宝宝带了4个桃子、2瓶水。谁能帮他们将这些食物分一分呢？

课件演示：分桃子、分水。

生：每只猴子分2个桃子，1瓶水。

师：（分完桃子和水后）听出来了，你们都会分，而且你们不偏不向，每人分得同样多，这样的分法在数学上叫做——平均分。（板书）

（二）表述质疑

在山上可不光住着小猴一家，这是两只小猴的家，还有3只小猴、4只小猴、5只小猴的家，这一天4家猴妈妈一块下山，买了同样的蛋糕，猴妈妈各自回家，把蛋糕分给猴宝宝吃，想一想：每家的猴妈妈怎样分蛋糕比较合适？

出示：两只猴宝宝的家庭。

生：切一半。

师引导：把这个蛋糕平均分成2份。

第二家3只小猴生：把这个蛋糕平均分成3份。

第三家4只小猴：平均分成4份。

第四家5只小猴：平均分成5份。

平均分才公平，每只小猴吃到1份的蛋糕，我们看看猴妈妈是不是这样分的。（师贴图）

（同样大小的圆，分别表示出她的 1/2,1/3,1/4,1/5）

师：哪家的小猴吃得最多？

生答：2只小猴的家庭小猴吃得最多。

师：吃到的蛋糕满一个吗？

生：半个。

师：比半个少一点的呢？

当其中的一份蛋糕不能用我们学过的整数来表示时，这样的一份从数学的角度怎样表示既简单又清楚呢？

【效果分析】通过创设一个平均分的情境，激活了学生原有的生活经验，让学生在表达"分"的结果时产生认知冲突，体会到：自然数不能表达一些结果，于是引出了数的扩展的需要，由此引进"新数"。

（三）认识理解"二分之一"

1. 把一个蛋糕平均分成两份，表示其中的一份时，我们可以用（二分之一）这个数来表示，那蛋糕的（二分之一）到底指的是哪部分呢？谁来指一指？

师："二分之一"怎么写呢？先用尺子画一小横，叫做分数线，表示平均分。下面的数字"2"，它叫做分母，表示平均分成两份。上面的数字"1"，叫做分子。表示取其中的一份。读作：二分之一。

师：刚才我们分了蛋糕，1/2 个蛋糕是怎样得来的？下面我们就亲身经历一下分蛋糕的过程。

老师给每个人发了一张圆形图片，你能先画一画，折一折，再用阴影部分表示它的 1/2 吗？操作后跟同桌说一说你是怎样得到 1/2 的？

动手操作、全班交流。

【效果分析】让学生动手操作，通过动手折、用笔画深刻感知 1/2 是把一个圆，平均分成两份，其中的一份就是它的 1/2。通过演示"等分圆形纸"的情境，结合动手操作使学生直观地认识二分之一，建立表象，深化对二分之一的认识。

课件演示　师：这样是 1/2 吗？

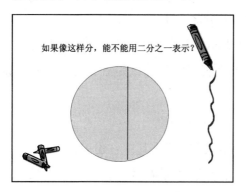

生：这不是 1/2，因为它不是平均分。

师：请你判断下面图形阴影部分哪个是 1/2。

生看屏幕回答。

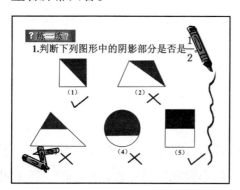

【效果分析】通过辨识，使学生进一步感受分数中的"平均分"。学生从抽象的符号回归到实践，完成分数认识的质的飞跃。符合学生的认知规律。

2. 师：第二家小猴吃的这一份，可以怎样表示？谁会写这个分数呢？

让学生板书（三分之一）分数。

问：怎么会想到三分之一呢？引导学生说意义。

生：把蛋糕平均分 3 份，每一份就是它的 1/3。

理解：平均分成三份中的任意一份。

师指任意 1 份，问学生这是这块蛋糕的几分之几。

生回答：三分之一。

3. 依次教学。（四分之一、五分之一）

1/4：这家小猴吃的一份怎么表示？你是怎么想的？怎么写？

1/5：这一家小猴吃的一份怎么表示？为什么是五分之一？相互说一说

课件出示：平均分成6、7、8……份呢？

4. 小结：把一个蛋糕平均分成几份，那么其中一份就是（几分之一）。

5. 数学家给这些数起名字叫分数，既然都叫分数他们就有长得一样的地方，哪一样？

生回答：分数线、分子、分母。

相机问：它有什么意思？表示什么？

【效果分析】学生在认识二分之一的基础上，认识 1/3、1/4 …… 和几分之一，层层递进。教师逐渐放手让学生去实践和发现，培养学生的自主学习的能力。

（四）理解"谁的几分之一"

1. 设疑思考

花果山还有两个家庭，每家各有 3 只小猴，两家的猴妈妈各买了一个蛋糕，同样平均分给各自的 3 只小猴吃。想一想每只吃的一样多吗？

生：一样多。

生：不一样多。

产生分歧，师适时引导学生说各自的理由。

2. 直观认识

出示图认识谁的几分之一。（两个蛋糕一个大，一个小）

3. 每家的小猴虽然都是吃的 1/3，但是一家吃的是大蛋糕的 1/3，一家吃的是小蛋糕的 1/3，所以，要知道哪家小猴吃得多，一定要看清是谁的 1/3。

4. 巩固深化

看图说分数：说完整是谁的几分之一。

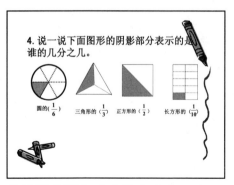

【效果分析】通过教具的直观演示，学生更深刻认识到同样是1/3，但物体大小不同，形状不同 1/3 表示的意义也就不同，更突出理解谁的几分之一。

（五）创造分数

动手做一个分数，1/2,1/4 比一比谁快。

展示不一样的折法。

追问：你为什么这样折？为什么折法不同,涂色部分的形状也不同，却都能表示正方形的 1/2 呢？

生：将正方形平均分成两份，每份就是它的二分之一。

师：看来折法不是关键，只要平均分成 2 份，每份就是它的二分之一。

【效果分析】通过学生折纸创造分数等多种方法，使学生对于分数的概念有了更清晰的体会，培养了学生在观察分析和动手操作中，正确的理解和运用新知教师的追问让学生感受到分数的本质：不管怎么对折，只要平均分成 2 份，每份都是正方形的二分之一。

师：四分之一的同学都是怎样折的？

贴学生作品。

问 1/2，1/4 谁大？

说原因：纸的大小一样，分的份数越多，每一份就越小。

总结：平均分的份数越多分数几分之一就越小。

（六）教师让学生做练习

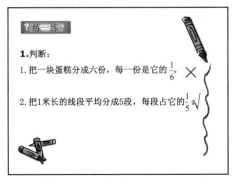

1.判断：

1.把一块蛋糕分成六份，每一份是它的 $\frac{1}{6}$。 ✗

2.把1米长的线段平均分成5段，每段占它的 $\frac{1}{5}$。 ✓

2.用分数表示下面各图中的阴影部分。

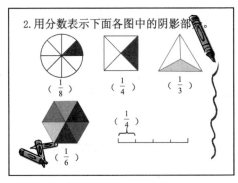

$(\frac{1}{8})$ $(\frac{1}{4})$ $(\frac{1}{3})$

$(\frac{1}{6})$ $(\frac{1}{4})$

3、想一想，哪条线段长

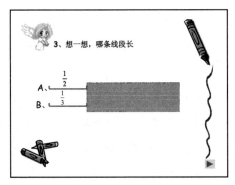

A、$\frac{1}{2}$

B、$\frac{1}{3}$

（七）这节课你有哪些收获？

生说收获。

六、课后反思

（一）根据学生年龄特征，创设了有趣的问题情境。

对于小学生来说，数学学习往往是他们自己生活经验中对数学现象的一种"解读"．在教学中，我利用了他们喜闻乐见的素材唤起了他们原有的经验，学生学起来亲切、有趣、易懂。

（二）加强了动手操作，降低了认知难度。

分数的知识是学生第一次接触，是在整数认识的基础上进行的教学的，是数的概念的一次扩展。对学生来说，理解分数的意义有一定的困难。而加强动手操作可以更好地帮助学生掌握概念，理解概念。在本节课的教学中，我充分重视学生对学具的操作，通过两次折纸让学生对分数的含义有了一个直观的认识，学生加深了对分数概念含义的理解，降低了对分数概念理解上的难度。

（三）加强了与生活的联系，强化了实际运用。

数学来源于生活，又应用于生活，本节课注重联系实际，从生活中搜寻素材，强化了孩子的实际应用能力。

（北京市义务教育课程改革试验教材二年级数学）

Unit3 Can you tell me the way?

王　萍

一、课标要求

《英语课程标准（2011 年版）》提出：英语课程具有工具性和人文性，培养学生基本英语素养和发展学生思维能力。教学过程需要面向全体学生，关注语言学习者的不同特点和个体差异。在学习过程中，强调语言学习的实践性，主张学生在真实情景中体验、实践、参与、探究和合作。优化评价方式，激发学习兴趣。综合实践活动课程旨在使学生通过亲身实践，提高综合运用知识解决问题的能力、交流与合作的能力、创新意识与实践能力。

根据以上理论依据，在英语课堂教学的设计中，着重关注学生的听、说、读的技能。着力体现英语实践性和应用性的特点，努力发挥和实现英语课堂的最大效益，并体现学生的主体性，让学生参与设计及评价。

二、学习目标

本单元是关于问路与指路的话题，三课学习课分别是关于寻找图书馆、某栋楼、加油站三个地点，其中功能句型为"Excuse me, where is ...? It's ... ."（描述在几层哪个房间）；"Where can I find ...? It's... ."（描述建筑物之间前后左右位置）；"Can you tell me the way to ...? Please..., and then ... ."（描述行走路线）。除了三组功能句，学习课还涉及如 art classroom, police station 等地点的词汇。同时课文中还包含一些常用的口语表达，如 "You can't miss it."。本节课是针对单元主题的实践活动课，目的是学生能够根据不同情景用英语表达、或做事情，达到学以致用。

1. 根据指路的描述找到目的地。

2. 整合话题，对问路与看病、购物等话题加深理解。

3. 理解建设文明和谐社区的重要性。

三、学习重点、难点

学习重点：理解、运用描述路线的词、句。建立话题间的关联性，对于看病、购物等话题加深理解。

学习难点：课本剧创编表演。

四、学情分析

相较于低年级学生的活泼爱展示，四年级学生更喜欢表达自己的观点。所以本课以小组活动为主，学生可以根据自己的兴趣选择表演或参加游戏，同时让不同层次的学生得到提高锻炼的机会。四年级学生在英语学习中，语言知识、语言技能、学习兴趣、学习方法策略等方面差异较大。对于知识掌握及运用的程度不同。有一定的猜词能力与单词拼读能力，能够简单描述事物。

本单元所含语言知识较为丰富，对于功能句型，学生能够理解掌握，但是运用上缺乏灵活性。在学习过程中学生体验的情景较少，所以对于在不同情况下问路、指路表达不熟练，在实际生活中不能很有效的表达。所以作为单元主题的实践活动课，本课通过学生创编课本剧进行表演，与根据线索寻宝的游戏，让学生巩固、运用语言，同时让所有学生有参与、展示的机会。

五、学习过程（课堂实录）

（一）Review 复习

1. 复习描述去某地的句子描述，通过创设情境，Guoguo 几名同学想去看动物，去哪里？怎么走？

师：Look, who do you see? They want to see pandas, lions and giraffes.

Where should they go? They lost the way? How to ask the way?

Work in group to discuss.

生：Can you tell me the way to the zoo?

Where is the zoo?

Where can I find the zoo?

在老师提出问题后，学生小组讨论，梳理出本单元学过的问路句型。

2. 复习地点词汇。

师：We can see a zoo here. What other places do you know?

生：library, drugstore, museum, police station… .学生思考后发言说出了学过的地点词汇。

【效果分析】教室由学生制作的道具，布置成社区。其中有建筑物、植物、交通工具和行人。通过学生动手制作模型，调动学生积极性和学习兴趣，让学生主动参与课堂。创设 Guoguo 等人要去动物园的语境，在真实环境中，学生小组讨论如何给 Guoguo 指路，培养合作意识。并通过观察环境，引导学生发散思维，说出学过的地点词汇。

3. 介绍本节课内容，讨论四个地点。

师: Today, we'll talk about four places. Can you guess what are they?

生: Maybe it's… .

【效果分析】引导学生猜测本节课要讨论的地点，同时板书上 word box 列出学生回答问题时可能用到的语言支持，帮助学生在表达中学习，并扩大知识面。

（二）Practice and Production 操练环节

1. Clue Hunter 通过寻找线索，来猜测要讨论的地点。

游戏示范

师：We will play a game to find a clue, so you can guess what the place is. I need four volunteers to help me.

e.g. Walk on and then turn left at the second corner. /It's the second building on your right./ /It's on the second floor. / It's the third room on the right of the stairs.

Rules:（1）Put 4 sentences together.

（2）Read the paper one by one.

（3）Find the place one by one.

（4）Group members can help each other.

（5）English only.

师: Group leader to choose the number, A, B, C and D.

教师将活动规则呈现出来，而后学生按照规则要求活动并评价。

（三）猜测地点，进行话题讨论

小组游戏结束后找到的线索是电影票。

引导学生讨论电影院的话题。

师：Do they find the right room?

　　Open it, we can see a ticket.

生：We need to buy tickets to see a film in the cinema.

【效果分析】通过游戏寻找线索，检测学生的理解、运用能力及团队合作。同时增加趣味性。在游戏过程中关注小组内每一个学生，让所有同学都参与到活动。找到线索猜地点，引发学生思考。通过 ticket 引出 cinema, film 等相关内容，让学生在记录单上做笔记，增加语言积累。Ipad 录像技术手段，激发学生的兴趣，认真观看。

技术设备：ipad 的录像功能，实时播放学生游戏的过程，让全班同学都能观看。

（四）课本剧表演

师：Now let's enjoy a short play about the cinema. You should listen carefully about Who, Where, Why and When. Why do they go to the cinema? How do they go there?

讨论课本剧。

师：Where are they going?

生：Xidan.

生：They want to see a film in the cinema.

学习课本剧中的内容。

询问时间：What time is it?

纠正发音：Where is Xidan?

教学资源应用：歌曲 Try everything 的视频。

【效果分析】小组课下准备课本剧，如果可能尽量整合话题，如问路—看病，问路—购物等。通过课本剧创编，检测学生对语言的理解、运用能力，同时让不同层次的学生得到锻炼和展示的机会，促进团队合作。表演后的讨论，能够让学生丰富语言表达，如poor boy, I hope..., What time is it?等，培养倾听能力，同时引导学生在课本剧创编时关注的内容，如时间、地点、人物、事件等。通过小笑脸评价学生的表演，给予肯定和鼓励。

依次进行游戏寻找线索，根据线索猜测地点，讨论与该地点相关话题内容，进行课本剧表演，学习课本剧中的部分内容，并进行评价。

Hospital

找到线索 pills.

师：Where can you buy the pills?

生：Hospital and drugstore.

师：Why do you go to the hospital?

生：People are ill.

师：What's the matter?

生：headache, fever… .

课本剧路人看到生病的小男孩关切地说了"poor boy"以及词汇"hope"。

Police station

师：Why do you go to the police station?

生：Money is missing. Need help.

师：We can go to the police station. And we can call…?

生:110.

Supermarket

线索是文具

师：We need to buy them.

Where can you find them?

生：Supermarket.

师：We can buy something here. Let's enjoy the short play.

课本剧：售货员应该站着，而不是坐着。

讨论：

师：The salesman should stand there, not sit down.

What do they buy? How much are they?

（五）总结四个地点的相关内容

师：If you are ill, you need to go to the hospital.

生：headache… .

师：In the supermarket, we can buy pencils. What else?

生：We can buy vegetables, clothes, food, drinks, and fruits.

【效果分析】总结本课内容，尤其是与四个地点相关的话题讨论。调动学生积极性，引导学生主动思考，积极发言，在老师的引导下，用句子表达。

（五）Summary 总结

师：We live together and help each other. We can see buildings.

生：We can see plants and animals.

师：Can we litter?

生：Don't litter. Don't cross the street. Don't pick up flowers.

师：What can we do?

生：Plant trees and flowers. Pick up litter.

【效果分析】情感教育，引导学生要相互帮助，共建美好社区，爱护环境。

六、课后反思

不同于常规课堂的预热、导入、呈现、学习、操练、总结，本课针对的是单元主题设计的活动，特点如下：

单元主题整体设计。本单元学习的是问路与指路，其中涉及了三种问路的功能句型，Can you tell me the way to the … ？Where is the … ？Where can I find… ？而指路的表达方式多样且灵活。如果指定情景，学生进行练习，过于机械，所以本课设计了游戏和课本剧两种形式，根据指示路线找房间，游戏化的设计不同于情景练习，更有趣味性，同时锻炼学生的说、读能力。课本剧创编，结合问路话题，自主选择地点与情景，多方位提升学生素质。

课堂关注学生主体。首先教室的布置是由学生自主完成。课前布置好任务，教室内布置成街道，分布九个地点，四人一组分别装饰一个地点。其次课堂活动，以小组为单位完成。教师引导学生完成活动，组织课堂。

信息技术辅助，提高课堂实效性。本课中的多媒体均有 ipad 应用程序播放。在游戏环节中，学生需要根据路线指示，在教室内布置的街道及建筑物中寻找正确的地点。不是所有学生都便于观察，而利用了 ipad 录像功能，以第一视角将过程投影到大屏幕上，学生能看得更清楚，并且因好奇会更加认真的观察。

（北京市义务教育课程改革试验教材四年级英语）

篮球场上的数学问题

魏麒元

一、课标要求

数学"综合与实践"活动的开展，要努力体现《义务教育数学课程标准》（2011 年版）提出的"基于问题、注重综合"的要求，引导学生用数学的眼光去观察生活，从熟悉的情境中发现并提出问题，调动已有经验分析和解决问题。学生在解决问题的过程中综合运用已有知识，自然地打破数学学科与其他学科之间的壁垒，沟通学科之间的联系，促使不同学科领域知识与技能的融合，有助于培养问题意识与创新思维，发展数学思考，提升综合实践能力。

调动学生对于圆的相关知识的兴趣，是我思考的重点。活用教材的同时，又跳出框框去思考，比如：和体育场地中的篮球场相结合，篮球场中的圆那么大到底是怎么画出来的呢？这样不仅能调动学生的积极性，更能引发他们的思考。这样设计也有助于培养学生的动手能力与创新思维。所以，《篮球场上的数学问题》，是基于教材《圆的初步认识》一课后所拓展的数学综合实践课，在学生已经对圆有了一定认识的基础上学习本课内容。

二、学习目标

1. 使学生认识到知识再创造的重要性，培养学生的创新意识。
2. 能使用不同的方法画圆，增强学生的动手操作能力和应用意识。
3. 培养学生的团队合作精神，展示学习者的魅力。

三、学习重点、难点

学习重点：用不同方法画圆。

学习难点：在较大纸张上画出最大的圆。

四、学情分析

友善用脑中理念中提到，"每一个孩子都是天生的学习者"，尤其是本节课内容中的"画大圆"环节，对学生具有很大的吸引力，他们可以根据以往对于圆的认识去创造性地画大圆，可以在团队合作学习的过程当中找到适合自己的分工，锻炼团队协作能力。结合六年级学生已有的知识基础，在学习完"圆的初步认识"之后，我设计了"篮球场中间的争球区域为什么要画成圆，这么大的圆用你已经学到的知识应该如何去画"这一活动素材，放手让学生去探究这一问题，"以学定教"，比如徒手画、用绳画、先画小圆再一圈一圈扩大着画，教师要顺学而导，并给予学生充分的肯定。这样，有利于培养学生思维，激发学生潜能。

五、学习过程（课堂实录）

课前分享：学生图画作品展

师：请陈加彦同学谈一谈他在画这幅画时的想法。（投影展示）

生：我画这幅画时仔细想了想，其实我们身边有很多的圆。比如我在上学路上，所骑自行车的轮子、地上的井盖、经过路口看到的红绿灯，这些都是圆。又比如，大到落日的夕阳，小到鲜花的花蕊，这些也都是圆。还有很多圆我没有画上去，比如篮球、饭碗、盘子等。

师：真美啊！"大到落日的夕阳，小到鲜花的花蕊"，我们所生活的这个美丽的世界，处处可以看到圆。谢谢你的分享。

【效果分析】课前让学生把生活中看到的圆画出来，形成一个完整的故事，用讲故事的形式叙述生活中看到的圆。学生在这个轻松愉悦的环节中，在欣赏美的同时也放松了身心，为后面的学习做了很好的铺垫。在课前画圆时，既可以培养学生的观察能力、搜集与整理信息的能力，又可以使学生感受生活中处处有数学，用善于发现美的眼睛，感受数学的美，同时在画图的过程中，也练习了用圆规画圆的技巧。但是也可以看出，学生对于圆、圆形物体、球体，在认知上存在问题。

课前拓展：

师：这是我找到的一些有关圆的小资料，谁来读一读？

生：立体图形中最美的是球形，平面图形中最美的是圆……

【效果分析】资料中提到了用物理方法证明圆是平面图形中最美的，初步做到了学科性融合，为初中的相关学习做了前期准备。

（一）情境创设

师：这节课我们一起研究，篮球场上的数学问题。

师：（出示图片）看到这张图片后，你看到了什么？想说点什么？

生：我看到两队正在争抢篮球，还看到篮球是圆的。

师：篮球是圆的？我们在数学研究中称它为球体。它不是平面图形，它是立体的。

生：我还看到在争抢篮球的两队队员脚下也是个圆。

师：请问，篮球场中间的中圈，为什么要画成圆的？为什么不画成长方形、正方形，或者是三角形，为什么偏偏画了个圆？

生：因为只有圆才能保证边上的每个点到中心的距离相等，才能保证两队在争球时的公平。（体会公平性）

师：刚才同学们从不同角度叙述了你的观察结果，刘硕还能用咱们学过的数学知识来解释运动场上的数学问题，非常值得肯定。

师：请问，这么大的圆，它到底有多大？（学生露出感兴趣的神态）

（出示篮球场平面施工图）

师：中圈的直径为 3.6 米，那半径是多少？

生：1.8 米。

师：像半径为 1.8 米这么大的圆，应该怎么画呢？到底有多大？之前我请了一位同学，和我一起拍了一张照片，我们来一起看一看。（出示学生身高和半径对比图片）

师：这是谁啊？（本班同学贾晨东）（引来一片笑声）比他的身高还要长。需要怎么画？（独立思考）

师：我看同学们都带圆规了，能用它去画吗？

生：不能，因为两脚间的距离太小了。

【效果分析】成功调动了学生的积极性，对问题探究产生了兴趣，为后面的研究打下了良好的基础。学生能和以往所学知识进行联系对比，产生认知冲突，这样能更好地提高探究欲望。

（二）自主探究

生：齐读探究要求及加分规则。

团队合作探究：

要求：

1. 团队合作交流，分工明确。（如：有讲解的、有演示的）

2. 负责讲解的同学要思路清晰，语言流畅。

规则：

汇报：

1. 音量适当、思路清晰，加2分。

2. 能结合所学知识，加2分。

3. 讲解透彻，加2分。

评价：

1. 认真倾听，点评精辟到位，加2分。

2. 补充内容，且理由充分、表达清晰，加2分。

师：通过咱们上节课的学习，已经学会了画圆。你会用什么画圆？

生：圆规。

师：我们一起回顾一下，圆规画圆时，两脚间的距离确定圆的……谁确定圆的位置？

生：圆的半径。圆心。

师：圆心确定圆的位置，圆的半径确定圆的大小。作图的时候，注意这两点，是不是画好这个圆就有保障了。

师：那画这个大圆，和咱们用圆规画圆又稍有区别，到底应该怎么画呢！以小组为单位，按照规则开始讨论。（教师巡视并参与探究）

师：我刚才参与了好几个组的讨论，哪个组来展示一下？边演示边说明。

（学生举手发言的积极性不太高，有的是害羞、有的是不自信等。）

师：（灵机一动）得分前三名的小组，明天中午可以去操场打篮球。（调动学生积极性。教师及时表扬，鼓励那些有新发现的同学，鼓励表扬那些有创新的同学，肯定那些能与别人交流分享的同学）

生：我们组的观点是，拿一个 1.8 米长的绳，一端固定在地上，一端绑定一支笔，拽直了绕一圈，就能画出这个半径为 1.8 米的大圆。

师：有疑问吗？

生：我们组在尝试的过程中发现，在绕圈的过程中，绳子会出现一点弯曲折叠重合的地方。

师：有办法解决吗？

生：可以把固定在底面的一端系成一个活扣，就不会出现他说的现象了。

师：真是一个聪明的好方法。

师：谁能给他们组点评一下，我总觉得他们说的好像差了点什么，谁能在点评的时候给点出来。

生：他们组用到了所学的知识，展示的时候做到了"能结合所学知识"，但是没把数学知识说透彻，比如"半径确定圆的大小，圆心确定圆的位置"。所以我认为可以给他们组加 1.5 分。

师：还有补充的吗？

生：他们组说的是用绳子，但如果是松紧绳，它就是可以拉伸的了，长度就不能确定了。

师：你真会思考问题！长度不确定，那么长度不确定怎么不行呢？

生：说明半径无法确定了。画出的圆也不标准。

（播放画大圆的视频）

【效果分析】在生生碰撞中，碰出了火花，碰出了智慧。不仅复习了"圆心确定圆的位置，半径确定圆的大小"这一知识点，还研究出了新的画圆方法，并在交流中有所拓展，想到了不能用有松紧性的绳子。就像友善用脑理念里提到的一样，每个孩子都是天生的学习者，在探究时思考，在探究中表达，在探究中尝试，在探究中碰撞，在探究的过程中进行一次次的自我否定与更新的过程，所以在友善用脑理念中才会经常提起"每个孩子都是天生的学习者"这句话。学生在观看视频时是认真的、专注的，从课后的反馈中得知，印象也是深刻的。

（三）巩固提高

师：刚才你们研究出的新的画圆方法，咱们来检验一下，看看能不能学有所用。

师：如果给你一张比较大的纸，在纸上画出一个最大的圆。关键词是什么？

生："最大"是关键词。

师：先独立思考，画这个最大的圆，需要注意什么。当你们组都有想法的时候，再开始讨论。

学生分团队探究，教师巡视并参与其中。

生：老师，桌子太小了，地方不够用的啊！

师：你自己有办法解决眼前遇到的这个困难吗？

生：老师，我们能去前面的讲台进行探究吗？因为那边比较宽敞，我们可以把这张大纸平铺在地面上进行研究。

（学生表现积极，思维活跃，一改以往课堂的沉闷气氛，通过这一

个组的带动，活跃了全班）

师：每个人都有自己的想法，在刚才的探究中，同学们都验证了自己的猜想。咱们在认真倾听的过程中，看看你能发现什么问题。

生：我们组的观点是，先把这张大纸沿着它的长对折一下，中间会出现一道折痕；再沿着它的宽对折一次，又出现一道折痕。这两道折痕的交点，就是圆的圆心。半径的长度是长方形纸宽的一半，拿绳子的一端固定在圆心，搜直了后画圆。

师：谁来点评一下？你有补充吗？

生：他们充分运用了所学知识，圆心确定圆的位置，半径确定圆的大小。

生：我认为他们组画的圆不规范，在下面的部分有两条线。

生：里面这条线，是我们第一次失败的作品。开始我们是用手指固定绳子的一端到纸上，在环绕画圆的时候会有一段折叠重合，半径的大小就改变了，所以第一次失败了。第二次我们用圆规的针尖来固定圆心，这样既把圆心固定了，还能确保在画圆的过程中半径保持不变。

师：经过尝试与调整，他们找到了更加合理的操作方法，给他们点赞。还有补充吗？

生：为什么他们画的圆半径就是这么长，为什么不可以更长了？为什么不用另一边长度的一半做半径？

师：你真个是会思考会提问的孩子。

生：因为长方形不像正方形那样，它的长和宽长度是不相等的，如果用长方形长的一半来做半径，所画的圆就会超出这张纸的范围。

生：我想补充，我刚才总结了一下，如果在长方形内画一个最大的圆，先比较边的长短，用短的一边做直径，也就是用长方形宽的一半来做半径。

师：刚才在研究篮球场上的数学问题时，咱们学的知识得到了验证与应用，能学以致用，给力！

【效果分析】学生能够主动整合与迁移知识，在尝试、验证的过程

中，不仅检验了所学知识，而且培养了学生思维的发散性。在团队合作中，每位学生都能有自己的贡献，在寻找操作地点时，体现了学生学习的主动性，以及教师以学定教的教学理念，课堂气氛活跃且有序。

（四）趣味拓展

师：除了咱们书本上学的用圆规画圆，还有刚才的探究成果，用绳子画圆，实际上都是在确定了圆心与半径的基础上画圆。那么，如果仅仅给你一支笔，你能在纸上徒手画一个标准的圆吗？请你验证自己的想法，尝试一下！

（动手尝试）

教师演示，以手腕处的突出点作为圆心（体现圆心确定圆的位置），保持手的平稳与笔尖的位置不变（体现半径确定圆的大小），轻松且快速地用左手转动纸张。

对于这一环节，学生是好奇的，是很感兴趣的，所以学习起来也是格外用心的，效果也是相当不错的。

【效果分析】学生兴趣很大，在动手尝试的过程当中有失败、有调整，思维在跳跃，知识的宽度在增加。

（五）拓展延伸

师：咱们刚刚研究的是篮球场上的数学问题，那么学校的操场上有没有数学问题呢？比如说，跑道的一圈有多长呢？400 米男子跑步比赛中如何确定每位运动员的起跑位置？咱们下次数学课继续研究，下课！

【效果分析】带着问题走进教室，又带着问题走出教室。学生是有收获的，学生是有继续探究的欲望的。

六、课后反思

本节课的教学，学生在团队协作、探究讨论方面有了很大进步。而且，教师也像孩子们一样，思维活跃，积极思考，和学生在对话中产生碰撞，在孩子们的带动下进步，师生共同享受轻松愉悦的数学课堂，下面具体谈一谈我这堂课的收获与不足。

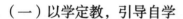

（一）以学定教，引导自学

"友善用脑"理念中提到，每个孩子都是天生的学习者。学生在进入教室前不是一张白纸，而是有着不同知识基础和个体经验。在本次课中，教师在组织教学时，给学生留下足够的空间，鼓励学生相互启发，彼此思维发生碰撞。

在课堂伊始，教师引导学生在欣赏图形，感受数学之美的同时，放松自己的身心，以形成轻松愉悦的课堂氛围。教学过程中，教师注意利用学生"画出不规范的圆"等教学资源，组织学生点评，引导学生自己反思：为什么画的不圆了？为什么出现了两条线？这样就充分调动了孩子的智慧，使他们自己学习，最终总结出"圆心确定圆的位置，半径确定圆的大小"的方法。可见，当教师改变了教学策略，调整了自己的教学设计，学生也会给课堂带来惊喜，这充分展示了他们每个人都是"天生的学习者"，他们每个人都能具备很强的学习自主性。

（二）组织团队，启发合作

这堂课孩子们的团队合作是到位的，合作意识很强。有一个环节是要求每个小组在一张大纸上画一个最大的圆。在教师的提示下，每个组都开始积极分工，同学们有的固定纸张，有的确定圆心，有的找准半径画圆，还有的展示讲解说明，同学们展示着各自的风采。学生通过交流、碰撞，不断丰盈自己的认知，也积累了学会"数学的思考"和"数学的表达"的经验。在碰撞交流的过程中，个性得以张扬（张扬学生的个性，放飞学生的明天，就像我校校训中提到的"印记多彩童年，刷亮幸福人生"），能动性得以激发，创造力得以培养，不同层次的学生思维的深度和广度得以延伸。我相信，这样的"友善用脑"课堂，这样的"综合实践"数学活动的开展，会给我们带来"不曾预期的精彩"。

（三）结合实际，反思不足

有优点需要肯定，但是也有不足需要去思考。比如，在本课堂"学生资源"的把握上还存在不足。在"徒手画圆"这一环节，有一个学生举手想发表自己的想法，展现他自己的能力，可我只关注了时间进度，而没有停下来、等一等，甚至没有看到他的举手。这一点上，有悖了设计这堂课的初衷。

本节课的另一个问题就是没有实地活动。《篮球场上的数学问题》学生没有真实地来到篮球场，不能不说是一个问题。数学实践课是让学生将学到的数学知识运用到实际生活中，解决实际生活中的具体问题，以此让学生体会学习数学的作用。本节课是在学习了圆的有关知识后设计的在实践运用中巩固知识、加深认识的实践课。但是，模拟篮球场和真正来到篮球场，用绳子等实物实际操作，在学生的学习经历上是完全不同的。

所以我想本节课的设计可以采用"室内讨论+实地探究"的方式进行。细致地设计好每一个环节的组织工作。内容虽不是很多，但活动丰富，学生体验充实，即可。不要把实践课的内容塞得太满，活动反而不充分。所以需要我进一步去思考的就是区别实践课和课堂教学课的不同目的。

结合实际课堂教学，如果再设计再设想，可以进行如下操作：为给学生冲击，可以先以视频引入，然后由动到静，出现图片，引入今天的综合实践问题，并形成今天探索的主题，然后开展实地探究活动。这样安排是考虑到学生的学段特点和智能差异，整个思考过程都要有直观配合，不管是观察还是活动操作。

总之，在本课教学中，我始终遵循着顺学而导，由点（一个问题情境）及面（多个问题的提出），诱发了学生的问题意识，体现了教学的"长度"；活动探究中学生由书本上的画圆方法联想到其他方法，并验证其可行性，展示了教学的"宽度"。在今后的教育教学中，我还要去积极地思考，到底什么叫"以学定教"？到底怎么做到"以学定教"？值得我去深入研究！

（北京市义务教育课程改革试验教材六年级数学）

身上的"尺子"

李　杨

一、课标要求

《数学课程标准》中指出：通过实践活动，感受测量在日常生活中的作用，体验能够运用测量的知识和方法解决简单问题，获得初步的数学活动经验。经历实践操作的过程，进一步理解长度单位米、厘米，能估测一些物体的长度，并进行测量。友善用脑理念强调要相信学生的学习能力，也就是要求一定要把学习的主动权还给学生，课堂上教师要充分发挥学生的学习主动性，放手让学生独立测量，进一步理解长度相关知识，积累测量经验。

二、学生分析

《身上的尺子》一课是在学习了"认识厘米和米"这部分知识后进行的学习，学生已经具备了基本的测量知识和团队合作意识，因此实践活动开展起来并不困难。但在合作测量时，如何分配任务，怎样密切配合准确测量还需教师进行细致的指导。同时，学生的知识水平和合作沟通能力参差不齐，因此，需要教师关注个体差异，满足不同层次学生的不同要求。

三、学习目标

1. 在学生独立探究，自主测量活动中，巩固学生对"米"和"厘米"两个长度单位的认识。

2. 在团队合作测量活动中，巩固使用测量工具测量长度的正确方法。

3. 通过实践测量活动，培养学生的团队合作精神，增强学生的实践能力和应用意识。

四、学习重点难点

（一）学习重点

让学生掌握正确的测量物体的方法，会进行简单的测量活动。

（二）学习难点

运用身上的"尺子"，对实际物体进行测量，在活动中培养学生的实践能力和应用意识。

五、学习过程

（一）利用思维导图创设情境

师：请大家拿出之前准备的第一单元思维导图，小组合作，轮流汇报导图内容，然后团队内选取一人的导图进行汇报展示，同组同学可以帮助完善。规则：汇报 1.知识点全面，可加 2 分。2.语言表达清楚，可加 1 分。评价：1.认真倾听，正确评价可加 1 分。2.补充内容可加 1 分。

（学生团队合作交流，分组展示补充，其他团队进行评价补充）

生 1：我们学习了认识厘米和米这部分知识，认识了两个长度单位，厘米和米，厘米用 cm 表示，米用 m 表示。1 米=100 厘米。

生 2：我们还学习了测量的方法，我画的这几幅图的意思是，测量的时候物体要对齐 0 刻度，而且物体不能歪，要用尺子对齐，读出右边对着的数，就是物体的长度了；如果对着尺子最左端，而不是 0 刻度就是错的。

生 3：经过测量，我们的一个指甲的宽度大约是 1 厘米，门高大约是 2 米。

【效果分析】每个学生都是天生的学习者，让学生用自己喜欢的方式制作思维导图，巩固复习"认识厘米和米"这部分的知识，起到了培养学生自学能力的作用，而且符合学生自身的认识规律，做到了顺势而教。

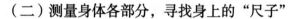

（二）测量身体各部分，寻找身上的"尺子"

1、分组测量身高及一庹长

师：刚才大家的总结都非常的完整，现在我们就用刚才提到的测量方法，准确的测量一下我们的身高和一庹长。师：为了测量准确，我们应该注意哪些问题呢？

生 1：为了测量准确，如果我们穿的鞋跟比较高，要把鞋脱掉再测量。

生 2：测量身高时，双脚夹住软尺零刻度位置，可以借助铅笔或直尺帮助我们看准数值。

师：测量一庹长时要把双臂伸直。下面就请团队两人一组进行测量，并记录在记录单上；测量完成后，请团队四人交流结果，并找一找一个人的身高和一庹长之间的关系。

规则：汇报：1.测量方法正确，数值准确。可加 1 分。2.能够准确理解并表达身高和一庹长的关系，可加1分。

生：身高和一庹长数值差不多。

师：那现在如果你到了野外，在没有尺子的情况下，想让你测量一下大树一周有多长？你会怎样测量呢？

师：如果没有尺子，让你测量我们的教室有多长，你又会怎么测量呢？

生 1：一庹一庹的量，看看有几庹，就有几个身高相加。

生 2：小朋友们手拉手，两臂伸直，看看有多少个小朋友，把他们的身高加一起，大概就是教室的长度了。

【效果分析】"所有的学生都是天生的学习者"，因此老师要创造适宜学生独立思考，自主学习的教学环境。通过让学生团队自主探究，独立思考，让学生在做中找"尺子"，找规律，学生的体会会更加深刻。教师作为引导者、参与者必要的指导还是很重要的，数学是严谨的，老师必要的讲解是不能忽略的，在测量之前，应讲清测量的准确方法。

2. 分组测量一搾长、一拳长和一脚长。

师：如果买衣服时想测量一下我们的衣长、袖长，你还能用身上的尺子进行测量吗？

生：用一庹长测量。

师：但是衣长、袖长不够一庹长，这样测量准确吗？看来我们还要找到一些身上的尺子，以便我们测量较短的物体。

师：刚才大家团队合作的非常好，做到了运用知识准确测量，并能够在测量中相互帮助，小声地交流讨论，非常好。现在我们一起再来测量一下我们的一搾长、一拳长和一脚长吧。测量出的数据填到学习单上并四人团队交流讨论一个人的一拳长和一脚长的数据有什么关系？

规则：展示：1.测量方法正确、测量准确加 2 分。2.能够准确表达一拳长和一脚长的关系加 1 分。

生 1：通过测量，我的一搾长是 17 厘米，我的一拳长是 18 厘米，我的一脚长是 19 厘米。

生 2：通过测量，我的一搾长是 14 厘米，我的一拳长是 17 厘米，我的一脚长是 17 厘米。

生 3：通过测量，我的一搾长是 15 厘米，我的一拳长是 18 厘米，我的一脚长是 18 厘米。

生 4：通过测量，我的一搾长是 15 厘米，我的一拳长是 16 厘米，我的一脚长是 18 厘米。

生 1：我们发现一拳长和一脚长是差不多的。

师：如果在没有尺子的情况下，请你测量教室一块儿地板砖的长度，你会怎么测量？

生 1：一搾一搾的量出地板砖有几搾

生 2：量出地板砖有几脚长。

【效果分析】在学习上"如果学生无法适应我（教师）的教学方法，则就让我（教师）教会他们以他们自己的方式学习"。测量时，老师提供给了孩子测量的方法，这是老师应该启发孩子还可以用自己的方式进行准确的测量，激发孩子独立的进一步思考。测量的目的性应该更强，在测量一搾长和一脚长时，由于学生可以独立完成，不必让学生团队合作，独自测量更能提高课堂效率，让学生有更多的实际测量的机会。评价应该更加的细致，评价之前说清原因，做到及时准确。

（三）课中健脑操

师：进行了刚才的测量，大家都找到了一些我们身上的"尺子"，现在就让我们放松一下，也来回顾一下吧。

生：起立，拍手读儿歌

长度单位歌

长度单位可真多，目前学习有两个；

从大到小米厘米，一米等于 100 厘米；

指甲盖宽 1 厘米，门高大约是两米；

我们大家小朋友，一庹长约一米二；

身高就是一庹长，利用庹长来测量；

搾长拳长和脚长，身上尺子帮测量；

利用身体测物体，数学就在我身边。

【效果分析】创设轻松的氛围，更有利于学生大脑放松，让大脑更好地工作，课题上的健脑小儿歌让孩子更加放松，可以结合本课知识，将身体各部分实际测量的长度编入儿歌，让学生自主填入，并配有相应的动作，既起到休息放松的效果，也为之后的学习做好准备。

（四）测量活动

师：通过大家刚才的努力，我们找到了身上的很多"尺子"，利用发现的尺子，你们想量一量什么物体呢？

生 1：我们就利用刚才找到的身上的"尺子"，可以测量课桌宽度、长度。

生 2：还能测量我们的袖长和腿长。

生 3：还能测量地板砖的长度。

师：请根据刚才你们说的可以测量的物体，团队合作进行测量。

师：请团队讨论一下，除了刚才我们测量的，我们身上的尺子还会

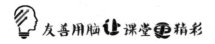

对生活有哪些帮助呢?

生1:在野外的时候可以利用一庹长测量大树一周的长度。

生2:可以利用一庹长测量衣长和袖长。

【效果分析】增加利用一庹长进行测量的机会,让学生充分感受利用身上不同部位的尺子进行测量的过程,让学生感受测量不同物体的长度时要选择身体的不同部位的必要性。

(五)冥想完善思维导图。

师:这节课我们又进一步学习了米和厘米这部分的知识并且找到了我们身上的神秘的尺子,相信大家又有了很多新的收获,请你把你的收获写下来,完善自己的思维导图。

生:补充自己的思维导图。

【效果分析】冥想是友善用脑课题非常有力的回顾总结方式,利用冥想可以帮助学生系统梳理本节课知识,理清思路,非常有必要。

六、课后反思

《身上的"尺子"》是北京版实验教材小学数学二年级上册的内容。本课是学生在小学阶段开始学习测量而开展的综合实践活动,主要是使学生从测量活动中,巩固学生对"米"和"厘米"两个长度单位的认识;巩固使用测量工具测量长度的正确方法;找到身上的"尺子"进行生活中的测量,培养学生的合作精神,增强学生的实践能力,培养学生的应用意识。加强学生对"米"和"厘米"两个长度单位的直观感知,体验身体各部分的大概长度,积累大量的感性认识。教学中我根据学生的心理特点、认知水平、教学内容的实际,从落实《课程标准》的理念出发,突出体现了以下特色。

(一)所有的学生都是天生的学习者,以学生为主体,充分发挥自主学习的能力。

有效的教学活动是学生学与教师教的统一,学生是学习的主体,教师是学习的组织者、引导者与合作者。在以往的教学中,过于强调教师的主导作用,而忽视学生的主体作用。因此,在设计本节课时,我尽量站在学生学的位置，首先设计了展示学习目标这一环节，通过展标，让学生明确本节课的学习任务，帮助学生理清思路，为后面的主动探究学习，做好思路上的准备。接下来，通过思维导图帮助学生梳理"认识厘米和米"这一部分的知识。不同的思维导图呈现方式体现了学生不同的学习方式、不同的思维类型，放手让学生自己去设计、总结、梳理，再通过交流进行补充完善，这是符合学生认知规律的，是学生自主学习的有效方式，同时也是适合于本节课的复习导入，为接下来的测量活动做了充分的知识准备。

（二）如果学生无法适应我（教师）的教学方法，则就让我（教师）教会他们以他们自己的方式学习。精心设计活动，在"做中学"，使学生通过亲身测量体验身上不同的"尺子"。

好的教学活动可以达到事半功倍的效果，这节课的主要目的是使学生发现身上不同部位的"尺子"，进而利用这些尺子测量生活中物品的长度。因此，我将设计活动的重点就放在让学生亲身经历实践测量活动上，小组同学合作测量，在活动中经历测量的过程，进一步理解米和厘米，直观地认识身体不同部位的长度。通过亲身测量活动，进而教师引发学生思考，如何选用身体上的合适的"尺子"进行实际物体的测量。通过这样的活动，让学生在做过之后，再来思考，有利于学生直观的感受、体验、选择。

（三）联系学生实际，感受数学与生活的联系。

学生在日常生活中对物体的长度还没有形成比较直观的感性认识，因此在教学这部分内容的时候，应尽量结合学生的实际进行学习。这节课中我很注意联系儿童的生活实际，把学习数学知识和生活紧密联系在一起。课上的测量活动紧紧围绕学生身体进行，这是贴近我们的生活的；而利用身体上的"尺子"再来测量生活中的物品，如：树的一周长、袖长、桌长、教室长等都是实际生活中会碰到的问题。这样，我们就将厘米、米与实际生活紧密地联系起来了，让学生在课堂上直观地形成了生活中一些物体的长度，将生活与数学紧密地联系起来了。

（四）团队合作学习，培养学生的交流意识。

在数学学习过程中，培养学生的交流意识和能力是课程标准特别强调的一个重要改革理念。因此，我注重从低年级学生就开始培养学生的合作意识和交流意识。这节课的教学中，孩子们大部分活动都是在小组交流合作中进行的。同时，我还注意处理了小组学习和全班共同学习的关系，在小组学习的基础上进行提升总结以及示范展示。

在本节课的教学中还应该加强对学生主动学习的指导，培养他们的探究能力。我虽然重视放手让孩子们自主、合作、探究式的学习，但是还应该更加注意团队学习的目的性，在必要的环节开展团队合作，才能起到事半功倍的作用，提高课堂效率。比如：在测量一搾长时，完全可以放手让学生独立测量；而当测量身高、一庹长时，由于学生独立测量有困难，可以安排合作测量，这样学生活动就更加充分。

（北京市义务教育课程改革试验教材二年级数学）

Unit 3 Can you tell me more about it

王　芳

一、课标要求

依据《英语课程标准》，本节课主要是激发和培养学生学习英语的兴趣，帮助学生拓展视野，使学生了解英语国家的重要节日、了解中西方文化的差异。并使学生乐于接触和了解外国文化和习俗。从小培养学生的国际意识。

友善用脑理念强调让每个学生都能轻松学习。采用多感官的教学方法，运用有益的放松运动，把课堂知识与生活联系起来。本节课以语言运用为中心，借助现代信息技术，努力为学生创设理想的学习环境，提供丰富的英语教学资源，倡导体验、实践、参与、交流与合作的学习方式。面向全体学生，使语言学习成为提高人文素养，增强实践能力、培养创新精神的过程。

二、学习目标

1. 能够运用句型"When is……"谈论万圣节日期。运用句型"Can you tell me more about……"谈论传统活动的同时，理解并正确运用万圣节的词组及单词：dress up knock on doors and say "Trick or treat"，get candies　superheroes aliens。

2. 能听懂会说认读西方的三个节日 Halloween Thanksgiving Day Easter

3. 能够正确朗读课文，并尝试复述故事。

4. 通过学习本课，使学生能够初步了解西方文化背景，初步感知中西方节日文化的不同。

三、学习重点、难点

学习重点：

1. 运用句型"When is------""Can you tell me more about…？"谈论西方节日

2. 正确的朗读课文，理解对话

3. 正确的说出月份、日期

学习难点：

1. 能够运用句型"When is------""Can you tell me more about…？"谈论节日的 话题

2. 正确说出月份、日期

四、学情分析

对于中国传统节日的有关知识，五年级的学生能够进行综合的表述。但对于西方的传统节日学生了解不是很透彻，所以在学习的过程中会有一定的困难。在教学中，我遵循友善用脑理念中提到的思维导图，多感官教学、小组合作等教学方法，利用大量的节日图片帮助学生理解，设计激发学生思维和表达的游戏，使学生发展思维，提高语言表达能力的同时，使他们亲身感受西方节日的氛围。

五、学习过程（课堂实录）

（一）Review

1. Free talk:

Talk about "Festivals"

（1）Let's talk about the festivals. What festivals do you know?

（2）Enjoy some pictures.

（3）Review the Mid-Autumn Festival、 the Double Ninth Festival 、the Lantern Festival、the Dragon Boat Festival.

2. guess:

（1）It's on the fifteenth day of the eighth month in the Chinese calendar. What festival is it? Can you tell me more about?

（2）It's on the ninth day of the ninth month in the Chinese calendar. What festival is it? Can you tell me more about it?

【效果分析】以友善用脑理念中思维导图的形式复习 the Mid-Autumn Festival、the Double Ninth Festival.学生思路更加清晰。

（3）Fill in the blanks：The Lantern Festival and the Dragon Boat Festival.

【效果分析】以填空的形式复习 the Lantern Festival、the Dragon Boat Festival.变换形式复习前两课的内容。

（二）情景创设

T: Say some festivals, tell them these are Chinese traditional festival. 出示 Christmas 图片 Is it a Chinese festival?

Ss: No , it's a western festival.

T: Today we'll talk about another western festival. Look at these pictures. Yes, it's Halloween. 引出 Halloween

【效果分析】大量的色彩鲜明的图片给学生视觉冲击，学生对万圣节有了初步的了解。

（三）Presentation 教学新内容

T: What do you want to know about it? 学生可能会问 When is it ? What do people do ?等问题。

T: Maomao and Mike. They are talking about Halloween. Let's watch and listen.

1. 学生第一遍观看动画视频。

T: When is it ?   S: It's on October 31st.

October 一词学生会很陌生,注意拼读规则。解释 October is the tenth month of the year. 强调说日期的时候要用序数词。

T: Can you tell me more about it?

Ss: Yes. 学生不能回答时可以问 Do you want to know more about it?

【效果分析】在引导学生复习完学过的节日之后，导入到万圣节，紧接着问学生你想了解有关万圣节的什么呢？学生可以运用前两节课学到的句型来问。学生感到学了的知识马上就能应用上，会有一种成功感。本部分出现了本堂课的第一个难点"月份"，可以利用图片加深印象，或提到国庆节和万圣节在同一个月份来加深印象。

2. 学生第二遍观看视频。

T: Please pay attention to this question. "What do children do on Halloween?"

（1）Children dress up at night. 板书 dress up at night

（2）Knock on doors and say "Trick or treat" 不给糖就捣蛋 板书 Knock on doors and say "Trick or treat".

补充 Give me some candies. Give me something good to eat.

（3）Then they get candies. 板书 get candies

All the night, children have a lot of fun and have a lot of candies.

Have a lot of fun means have a good time/They are very happy.

Have a lot of candies means get many candies.

3. Watch again. 学生第三遍观看视频。

Another question : What do children enjoy dressing up as? "enjoy" means "like"

学生找到答案 They enjoy dressing up as superheroes or aliens. 板书 superheroes or aliens

Sounds exciting.

T:Let's retell together. 和学生一起对照思维导图复述课文。

【效果分析】利用友善用脑理念倡导的思维导图有利于学生理解课文，使学生思路更加清晰；有助于培养学生思维技能；有效提高学生的学习效率和学习能力。本部分是新知识讲解的主要部分，思维导图在教

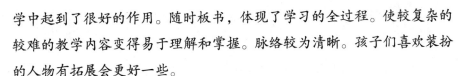

学中起到了很好的作用。随时板书，体现了学习的全过程。使较复杂的较难的教学内容变得易于理解和掌握。脉络较为清晰。孩子们喜欢装扮的人物有拓展会更好一些。

4. Listen and follow　pay attention to she pronunciation and intonation. 学生跟读，注意语音语调。

5. Read in role　两人一组练习并展示

【效果分析】注意语音语调的培养，给学生展示的机会

（四）Let's play　"Trick or treat"　游戏。

讲解游戏的过程

1. Dress up

2. knock on the door and say　"Trick or treat".

　　Give me some candies.

3. You can get candies.　You must say　"Thank you".

学生做这个游戏。

【效果分析】通过万圣节游戏活动，使学生感受西方节日的氛围。大大激发了学生学习的兴趣发展学生的思维，激发学生交流和表达的欲望。在时间安排上要注意让所有的学生都有事可做。

（五）了解 Thanksgiving Day and Easter.

1. T: Look at these pictures. Ask Ss：　What festival is it? 学生也许说不出 Thanksgiving Day or Easter. 但学生通过图片可以知道这是感恩节和复活节。

Fill in the blanks　:

get together　　turkey

On Thanksgiving Day People_____and eat_____.

an Easter egg hunt

On Easter Children have_____.

2. Listen and number. 做听力练习。

【效果分析】由于教材只简单地介绍了这两个节日，以填空的形式

学习这两个节日，学生不难掌握。大量的图片冲击学生的视觉，学生会比较感兴趣，同时降低了难度。在本部分可以对所学的西方节日稍做小结。能够使学生清楚地了解到所学到的几种西方节日。

六、课后反思

本节课由于现代信息技术的运用，生动学习环境的创设，学生的积极性被充分地调动起来了。通过万圣节游戏活动，使学生感受西方节日的氛围。发展了学生的思维，激发了学生交流和表达的欲望。

值得一提的是设计有效的 mind-map（思维导图）。有利于学生理解课文，使学生思路更加清晰；有助于培养学生思维技能；有效提高学生的学习效率和学习能力。故事及阅读教学中，运用思维导图不仅可以梳理知识，帮助学生扫清阅读障碍，对突破重难点非常有效。通过预设问题 1 When is Halloween?　　2 Can you tell me more about it ?　　3 What do children enjoy dressing up as?

填写思维导图的过程使学生思维活跃。学生在思维导图的帮助下课文变得易懂易学。而且很快就能复述课文。学生在完成思维导图的过程中对课文内容，单词读音及拼写，难点词句，都有了初步的了解，对本课要掌握的内容有了清晰的认识。思路较为清晰。经常使用这种思维导图，能够使学生形成系统的学习和思维习惯。师生在课堂上一起完成后，留作业给学生再次制作这张思维导图，可以按照自己的设计样式去制作。这一过程是学习思维的过程，是创新的过程。同时改变了原来抄抄写写的枯燥的作业形式。有利于学生进一步巩固所学知识。Mind map 作为一种学习策略，使学生在体验和实践中去积极主动发现和习得，这有利于学生的长时记忆和认知能力的发展。同时培养了学生自主学习的能力。

（北京市义务教育课程改革试验教材五年级英语）

敕勒歌

王新东

一、课标要求

《语文课程标准》中指出：评价学生的朗读，可以从语音、语调和语气等方面进行综合考察，评价"有感情地朗读"，要以对内容的理解与把握为基础，要防止矫情做作。友善用脑理念强调要相信学生的学习能力，也就是要求一定要把学习的主动权还给学生，使他们根据自己的理解和体会学习朗读，学习语言。

二、学习目标

1. 正确、流利、有感情地朗读古诗，背诵古诗，感受"敕勒川"的自然之美。

2. 学习本课的 7 个生字，认读 4 个字，积累相关的词语和经典诗句。

3. 学习书写生字"笼"、"盖"、"苍"、"茫"，了解汉字的形体特点。

三、学习重点、难点

学习重点：正确、流利、有感情地朗读古诗；学会本课的 7 个生字，积累相关词语和经典诗句。能够正确书写本课部分生字。

学习难点：结合重点词语展开想象，体会"敕勒川"的自然之美。

四、学情分析

二年级学生可以熟练地做自己想做的事，并能把自己的想法简单地记下来，无论阅读、写字还是游戏活动都比较自如，显示出一定的个性特征。个人能处理的问题越来越多，自信心不断增强。

二年级学生有了一定量的诗歌积累，已经掌握了基本的诗歌朗读、断句的方法。同时具有了一定的独立识字的能力，这有助于学生自主学习。但从本首诗来看，部分字词（敕勒、穹庐、笼盖、苍、茫）超出大部分学生的语言范畴，是他们生活经验中所缺乏的，这在一定程度上阻碍了学生对语言文字的了解，也会影响他们对诗文的体会与朗读质量，为此，教师需要为学生提供多感官学习的条件，以帮助他们完成学习实践，获得个体体验。

五、学习过程（课堂实录）

（一）情境创设

师：今天我们来学习一首古老的诗歌，古老得连作者都不知道（学生显出惊讶的表情），古老得连它的名字都很特别，跟老师书空写一写，读一读。

教师板书课题：敕勒歌，学生书空。

教师课件出示图片。

师：敕勒，是我国的一个古老的民族，曾经生活在内蒙古阴山脚下的草原上，人们管那里叫做敕勒川，这首诗歌就是敕勒人口头流传下来的，所以叫敕勒歌。如果你能会读、会背、学会诗里面的字词，你就能走进敕勒人生活的那片原野，看到那里动人的景象。（随着教师的讲述和图片的展开，学生看到壮阔的草原而惊叹不已）

【效果分析】通过图片展示和教师语言描述营造教学氛围，学生的学习状态得到有效调整，教师通过有关"敕勒"的资料把学生引入了课文的自然情景中，激发学习古诗的兴趣，这是符合学习科学理念的。

（二）初读课文

师：请同学们打开语文书，借助音节读课文，争取把字音读正确。

学生自己看音节读诗歌。（一起齐读，很快读完坐好）

师：这么快读完了！同桌互相读一读，听听你的同伴有没有字音问题。

学生同桌互读互评。

师：我发现这一桌同学合作得很好，请这位女同学读给大家听。

生1读古诗《敕勒歌》。（字音不准）

师：哪位同学来帮她订正字音？（示意刚才的女生）你请同学来帮助。

生2："天似穹庐"的"穹庐"读得不对。

师（课件出示"穹庐"的图片）：这个词语应该读成……

生齐读，生1和生2随读。

师：用你了解的一个词语说一说"穹庐"是什么啊？（学生有些发愣）我记得我们以前的课文里出现过……（一些学生恍然大悟，纷纷举手）

生1：好像是蒙古包。

师：不是好像是蒙古包，就是蒙古包。怎么读句子呢？

学生自由读句子。（字音准确）

【效果分析】教师抓住学生朗读中出现字音错误这个生成资源，借助媒体课件和生字卡学习古诗中的生字新词，使学生了解"穹庐"这个与自己生活较远的名称，在积累语言文字的同时为学生了解草原自然环境，体会"天似穹庐"的壮美图景做好铺垫。这种对学生缺失经验的必要补充会使他们更有效地学习，更快乐地学习。

（三）品读课文

师：自己练习读课文，注意把字音读准确，想一想你看到了怎样的景象？

学生读古诗。（大家一起读，很整齐但是缺乏个性化的节奏和语气）

师：这样读可体会不出什么，不要总跟着别人读，要根据自己的感觉选择自己的节奏，慢一点，再读一读。

学生再次读古诗。（部分学生开始有意识地用自己的节奏读）

师：我听到这位同学在用自己的节奏读，请这位女生来试试。

生突然插话：我也是自己读的。

师：好，一会儿我也叫你读。

指名的女生读课文。

师：我清楚地听到她在两个小节之间吸了一口气，有了明显的停顿。

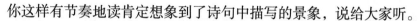

你这样有节奏地读肯定想象到了诗句中描写的景象，说给大家听。

生1：我好想看到草原像穹庐罩着大地一样。（虽然表述不是很准确，可是学生真的从诗句中体验到了草原的自然特点）

教师课件出示草原和穹庐的图片以及诗句"天似穹庐，笼盖四野"，并利用卡片出示词语"笼盖"。

学生齐读词语。

师：草原的天空像笼子一样把大地罩起来了，这就是草原上的天。我们怎么读这句诗呢？（示意这位女生）你再来试试。

生1读句子。（语气不够）

师：有了些语气，谁再来试试，读出草原天空的辽阔。

生2读、生3读、生4读……

师（示意1列同学）：请这列同学读。

第一列同学读、第二列同学读、第三列同学读。（声音逐渐有了力度和表现力）

【效果分析】在前面有层次的铺垫基础上，学生在细读课文阶段能够结合重点词语感受草原的景象，而且在实践中能够用朗读表达出自己的感受。这种学习方式是学生自主地尝试，是符合自己特点的。但是受已有经验的限制，大家仍然难以充分感受草原壮阔的自然图景，这从朗读中可以判断出。

六、课后反思

《敕勒歌》是一篇古典诗歌，本节课旨在引导学生通过朗读、背诵、识字写字等语文活动体验草原的自然生态，感受敕勒人的生活环境，进而达到学习语言，运用语言的目的。通过探索友善用脑教学的有效途径，一定程度上达到了预期的教学目的，但也暴露出教师对学习科学把握上的不到位。

（一）友善用脑教学的有效路径

在本节课中，教师立足阅读教学，通过不同层次语文活动，依据友善用脑理念完成语文教学任务，使学生逐渐感受到敕勒川的壮美和敕勒

人生活的特色，在已有生活经验的基础上拓展了自己的生命体验，培训语文能力。

1. 解决难词，实践友善用脑。学生确实不具备太多的草原生活经历，对古诗中的有些语言文字不明白，如"敕勒"、"穹庐"等。根据这种需求，教师在教学中适时利用学生读错字音的课堂资源顺势指导，学习难词。通过图片展示，谈话交流等手段，使学生对敕勒人生活环境、居住特点有了清楚的了解，这就充分符合学习科学，为后面讲读古诗做好铺垫。

2. 指导朗读，完成友善用脑。对学生进行友善用脑教学实践一定要根据学科特点进行。语文课作为学习语言文字运用的学科就需要把学习科学融入读文品词的活动中去。于是，教师在课堂上引导学生在体会敕勒人生活场景的基础上尝试运用朗读、背诵表达自己的感情。在这个过程中，教师依然注意结合图片、音乐等媒体手段使学生尽可能地身临其境，并运用肢体语言展示草原天空和原野的辽阔壮美。在这个过程中，语文教学和多感官学习统一在一起，使学生在积累语言文字的同时愉悦了身心。

3. 学科拓展，延伸友善用脑。语文文字是用来运用的，是学生抒发感情的媒介。在巩固练习中，教师设计了"诗配画"的形式，在检测学生学习情况的同时又一次尝试对草原生态环境的体验。这一安排适合学生的年龄特点和兴趣爱好，有利于他们生活经验的积累。

（二）友善用脑的认识偏差

由于对友善用脑在学科教学中的实施方法理解不够，本次课中存在着诸多的教学问题，主要是学科教学与友善用脑理念的结合不够。

由于是语文课，所以教师在教学设计中还是更多地着眼于语文教学任务的完成，而把友善用脑放到了从属地位。而作为一节以友善用脑为主题的研究课，还是应该把"研究"二字处理好。其实，本课中值得研究的点还有很多，应该大胆放手，为学生创造更多学习空间。如：在学生体会"穹庐"的特点时，教师完全可以抓住这个资源引导学生：生活在这样广阔的环境中你自己的感受？让学生体验"天作屋顶地作床"的天人合一的感受。

看来，进行友善用脑教学研究一定要先解决教学意识问题，只有这样才能以学习科学作为统领，从上位去鸟瞰学科教学，进而合理安排教学环节，真正实现学科教育的价值。

（北京市义务教育课程改革试验教材二年级语文）

小企鹅和妈妈

王建平

一、课标要求

《课标》指出"阅读教学是学生、教师、文本之间对话的过程。"而"对话"需要通过读书实践来完成。只有让学生充分地读，才能使他们整体感知课文内容、感悟文本中词句的意思，感受其中的情感熏陶。所以，教学中要淡化分析，以读为本，加强读书实践活动。友善用脑理念强调要相信学生的学习能力，要把学习的主动权还给学生，使他们根据自己的理解和体会学习朗读。所以，教学中要把"读中感知—读中感悟—读中体情"的权利还给学生，并尽可能给他们提供一切有利于他们发展的条件和空间。

二、学习目标

1. 继续学习生字，重点学会"欣"与"赏"。

2. 能分角色朗读课文，积累表示颜色的词语，背诵课文的最后一段。

3. 通过学习课文知道：只有出去闯闯到多彩的世界里走走看看，才能开阔眼界，增长知识。

三、学习重点、难点

学习重点：

1. 积累感悟企鹅妈妈说的话，了解只有到多彩的世界里去走走，去看看，才能开阔眼界，增长知识。

2. 结合课文内容想象文中句子、段落所描绘的情景。了解动物的可爱，产生喜爱之情。

学习难点：借助课件体会企鹅妈妈的话。

四、学情分析

二年级的学生活泼好动，注意力不易集中，但他们像课文中的小企鹅一样，对周围的事物充满了好奇，觉得一切都很新奇而有趣。他们有强烈的求知欲与表现欲，这些将有利于本课教学活动的展开。但他们对课文中描述的故事发生的地点（南极）与主人公（企鹅），都很陌生，这使他们在结合自己的生活经验来理解词句上出现困难，可能会影响"读中感悟"的效果。

五、教学过程

（一）复习旧知，了解内容

1. 听写生词。

师：今天我们继续来学习《小企鹅和妈妈》，首先检查一下同学们生字的掌握情况。

学生准备听写词语。

师：请同桌互换，对照屏幕上给出的词语订正。

2. 积累词语。

师：生字会写了，看看哪些同学会使用这些词语。

学生完成词语搭配。

3. 练读长句。

师：同学们真够棒的，不但记住了生字还学会了如何使用词语。请看这句话你会读吗？

师：出示"妞妞的小脑袋从妈妈白色的褶皮下钻了出来。"

学生自由练习读、指名读。

师：小企鹅和妈妈之间发生了怎样有趣的故事呢？我们赶快就看看吧！

【效果分析】这一环节共安排了3个内容，首先是听写，主要是检查上节课对已学生词的掌握情况。其次积累偏正式的词语，最后是朗读长句，一方面学习停顿的方法，一方面为体悟情感打下基础。通过听写这一小环节，可以看出孩子们自主识字的能力在逐步提高。

（二）创设情境，体悟情感

师：看！这就是妞妞和它的妈妈，（出示图片）小妞妞一直生活在妈妈的褶皮下，今天第一次探出了小脑袋，它看到了什么？说了什么？

师：自己读一读5—8自然段，用线画出妞妞说的话。

学生自由读句子并画出妞妞的话。

师：妞妞在哪儿，它看到了什么？

生1：哦，这天，这天多么好看！

生2：哦，这地，这地的颜色真美丽！

师：老师也想读，请你认真听。"哦，这天多么好看"。

【效果分析】在老师的范读下，学生的情感也随之提高了许多，因为，老师范读的目的之一就是要培养学生认真倾听的好习惯。学生听出了不同之后，再读，就会对下文体会妞妞的情感做好铺垫。

师：你能再来试试吗？

生："哦，这天，这天多么好看！"　"哦，这天多么好看。"

师：你听出了什么？

生1：第一句中有2个"这天"，第二句中有一个。

生2：第一句是叹号，读得特别有感情，第二句是句号。

师：（出示第5自然段）请你再来读一读

学生读句子"哦，这天，这天多么好看！"小企鹅惊奇地赞叹着。

师："惊奇"是什么意思？你能换个词语吗？

生：可以换成奇怪或惊讶。

师：你就是这只可爱的小企鹅，（出示蓝天图片）看到蓝色的天空，你怎样惊奇地赞叹？

【效果分析】教学这个句子时，我首先采用对比句帮助学生了解两个"这天"的用意，然后通过换词体会"惊奇"的含义，最后让学生在具体的情境中进行朗读。这样的设计有两个作用：1.教给学生理解关键句的方法，指导学生结合课文内容想象文中句子所描绘的情景，感悟读书。2.为读好妞妞的第二句话做铺垫。通过这样的设计，明显感觉到学生的朗读在不断地发生变化。有的同学朗读的语气非常到位。

师：如果此刻你就是小企鹅妞妞，你会怎样摇着小脑袋来说呢？

学生表演读（感受小企鹅看到的惊奇）

男女生分角色读。

学生同桌之间读。

学生进行展示读。

师：小企鹅妞妞抬头看了看这蓝色的天，又低头看了看这白色的地，它的小脑袋里产生了一个问题，这只可爱的小妞妞你来问问吧！

师：（课件出示图片，动画）学生给画面配音。

师：妈妈又是怎么回答的呢？

生：妈妈笑着告诉妞妞："从妈妈的肚子下面看世界，只能看到蓝色的天和白色的地。等你长大了，出去闯闯，你还能看到绿色的树、红色的花，还有七彩的长虹。世界很大很大，是非常美丽的……"

师：从妈妈的话中小企鹅知道了什么？

生 1："从妈妈的肚子下面看世界，只能看到蓝色的天和白色的地。"

师：为什么在妈妈的肚子下面看世界，就只能看到蓝色的天和白色的地呢？

生 1：因为它还小，还在妈妈的肚子下面，只能看到这么多。

生 2：它还没有长大呢，等你长大了，出去闯闯，你还能看到绿色的树、红色的花，还有七彩的长虹。世界很大很大，是非常美丽的……"

师：是呀！其实世界很大很大，是非常美丽的，你还能看到什么

课件出示（　　　）的（　　　）

生 1：我还能看到五颜六色的花。

生 2：我还能看到美丽的冰川。

师：说得真好，我们的世界是丰富多彩的，如果全写下来，太多太多，于是就把它们浓缩在这 6 个点里，这就是省略号。

师：请同学们跟老师一起，学着妈妈的样子，告诉小企鹅外面的世界是个什么样子的吧！

生：（齐读课文）"妈妈笑着告诉妞妞……世界很大很大，是非常美丽的。

师：正像企鹅妈妈说的，我们生活的世界是丰富多彩的，等小朋友们长大了也要出去闯一闯，亲眼去看一看，亲身去感受一下这神奇美丽的世界！

（三）回归整体，积累词语

师：请同学们再美美地阅读一遍课文，找一找表示颜色的短语都有哪些。

示范：蓝色的天。

生1：白色的冰雪。

生2：银色的世界。

生3：绿色的树。

生4：红色的花。

生5：七彩的长虹。

师：一个个短语就是一幅幅美丽的图画，这节课我们欣赏了很多美景。还想来欣赏几幅吗？

学生欣赏美丽的风景图片

【效果分析】通过这样的引导语言，借助直观的教学手段学生了解了"欣赏"这个词的意思。

师：本节课我们还要认识两位生字朋友，它们就是"欣赏"。

学生贴生字卡片，观察并交流识记字形的方法。

师：老师来写"欣赏"，请你仔细观看。

学生描一个字，写一个字。

师：我们不仅要学会写"欣赏"这两个字，还要学做一个会欣赏他人的人！

六、课后反思

小学语文教学要加强语言文字的训练，因此在教学设计过程中，我要求自己树立"训练"意识，挖掘并设计文本中适宜孩子进行语言文字训练的内容与形式。

1. 词语的积累。课程标准中指出：低年级阅读教学要结合上下文和生活实际了解课文中词句的意思，在阅读中积累词语。因此当我看到文本中带有颜色的短语很多，并且第二自然段、第十自然段中都含有偏正式的词语时，便在有意积累的同时，努力让孩子进行扩充。

2. 感悟关键句时指导有序。例如在学习"妞妞"的第一句话时，我首先采用对比句帮助学生了解两个"这天"的用意，然后通过换词体会"惊奇"的含义，最后让学生在具体的情境中进行朗读。这样扣词析句，词句落实，语言训练扎实朴实，对提高学生理解和运用祖国语言文字的能力有着明显的效果。

（北京市义务教育课程改革试验教材二年级语文）

第二部分

友善用脑之活动组织

平移和旋转

王玉倩

一、课标要求

新课程理念倡导学生的学习应从学生已有的生活经验出发，让学生亲身经历实际问题抽象成数学模型的过程，小学低年级学生还处于形象思维阶段，这就决定了学生的学习应当是以感知和体验为主，在这一过程中进行自主建构和内化。体验是学生感知知识、获取知识、验证知识的方法和途径，是一种重要的学习方式，学生在体验中能够轻松的学习。

二、学习目标

1. 让学生经历在具体情境中，感知物体的平移和旋转的现象，能正确区分平移和旋转。

2. 让学生通过观察和比较，体会平移和旋转的特点，培养学生的空间观念和空间想象能力。

3. 初步渗透变换的数学思想方法，使学生感受数学与日常生活的紧密联系，体验学习数学的乐趣和应用价值。

三、学习重点、难点

通过观察与操作，使学生初步感受平移、旋转的特点。

使学生初步理解平移和旋转的特点，能够正确判断物体的运动方式。

四、学情分析

本课的教学对象是二年级的学生，年龄小，好动、好奇，空间观念较差，形象而直观的教学能够为儿童多种感官接受。多媒体的优势在于集文字、图像、声音于一体，能够模拟仿真的特点，帮助学生化抽象为

形象。所以在进行《平移和旋转》一课教学设计时，我充分采用多媒体这一能融形、光、色为一体的教学手段，通过生动、形象、动态地演示思维过程，激发学生的兴趣，吸引学生注意力，使学生直观、形象地理解教学内容，降低教学难度，开阔学生的知识层面，科学地提高数学课堂教学效率。

五、学习过程（教学实录）

（一）问题创设

师：（出示主题图）你发现了什么？

生：游乐场。

师：游乐场是我们最喜欢的娱乐场所。今天小华也想去游乐园玩，我们一起去看看吧！（播放录像）

师：请你们仔细观察汽车、高空游览车、转转车、划船是怎样在运动的？

师：哪位同学可以通过肢体语言为大家讲解它们是怎样运动的？

生：学生动手来比划运动过程。转圈，上下左右移动等。

师：你能根据这些物体的运动方式给它们分类吗？

生：汽车、划船是一类，因为它们都是沿直线运动的。高空游览车、转转车是一类，应为它们都是在转动的。

师：你回答的真完整，真是个爱观察的孩子。像汽车、划船这些物体都是沿着直线移动这样的现象叫做平移（板书：平移）。而高空游览车、转转车这些物体都绕着一个点或一个轴移动这样的现象，我们把它叫做旋转（板书：旋转）。今天我们就一起来学习"平移和旋转"。

【效果分析】以学生喜欢去的游乐园为突破口来激起学生的求知欲。从生活中来的数学才会是"活"的数学，有意义的数学，本节课创设了学生去游乐园玩的生活情境唤起了学生亲近数学的热情，让课堂真正成了生活化的课堂，让数学课堂真正的由枯燥变得活泼起来。使课堂教学模式有利于学生的生活体验，进而学生主动探索的生活需求，创造宽松、自由的教学环境，这也是友善用脑理念的应用。

师：出示写有平移和旋转的小条，并把"旋转"的纸条拿反了。

生：学生立刻喊"反了，反了"。

师："怎么办"？

生：回答一"把它转过来就可以了"；回答二"把它旋转一下就行了"。

师：你们真棒，可以用所学的知识解决实际问题了。

师：老师在黑板上将"旋转"这个名称进行旋转，"我们先固定一点为中心，绕着它旋转一下"。

师：看上去好像还是有些别扭，问题出在哪了呢？你能帮我看看吗？

生：应该再向上平移一下就好了。

师：你能来试试吗？

生：运用平移将纸条向上平移。

师：看，在你的帮助下，这个漂亮多了。

过渡小结

师：同学们刚才我们通过分类，初步认识了平移和旋转，甚至在贴这两个名称的时候我们已经做了平移和旋转这两个动作。今天我们就一起来研究平移和旋转。板书："和"。

（二）巩固新知

在观察操作活动中进一步认识平移和旋转的特点。

1. 说一说

师：现在请同学们闭上眼睛想一想，什么是平移？什么是旋转？可以边想边用手比一比。

生：闭眼回忆平移和旋转的过程，并用手比划。

2. 想一想

师：在生活中你见过哪些平移和旋转的现象呢？谁能和大家说一说。

生：（1）门把手在旋转。

（2）翻书书页在旋转。

（3）打开抽屉在平移。

（4）水滴滴落是在平移。

（5）行驶的火车在平移。

（6）旋转门是在旋转。

师：订正学生回答问题时要说完整：谁在平移？谁围绕着谁在旋转？

（你真善于观察生活，不仅说得清楚而且还会用手势来表示。不太正确时说你说的现象不仅仅是平移或旋转，这其中还融合了很多种类复杂的运动现象，我们以后还会继续研究）

【效果分析】分类是一种基本的教学思路。在这里学生结合自己的生活经验，按运动方式的不同，对游乐园的各种游戏进行划分。在这个过程中，学生进一步感知了平移和旋转，在头脑中自然形成了这两种运动方式的表象。引发学生主动地参与问题的解决，在动手操作中感受基本概念，体验"平移"与"旋转"的不同，也为下面进一步的体验活动做好了准备。

3. 做一做

师：同学们刚才说了很多常见的平移和旋转现象，现在你能用自己的身体做做平移和旋转的动作吗？两个同学为一组可以起立活动一下，互相检查看看做的对不对？

生：全体起立做平移和旋转的动作。

师：老师现在想检查同学们是不是都做正确了，全体起立，一会我们在做平移和旋转时步子迈得小一点，尽量不要碰到其他同学，看谁最谦让。听清要求，看谁听的最认真。

活动过程：

师：请你向前平移一步，再向左平移一步，再向后平移两步，一会我们要做旋转运动了，速度不要太快。开始，停。问：我发现你们朝的方向怎么和刚才不一样了？旋转时你们的方向是在不断变化的。平移时方向不变。

生：我发现在平移的时候方向是不会改变的；而在旋转的时候我的方向却在不停地改变。

小结：

师生共同小结：看来平移和旋转的区别就是，在旋转时方向在不停地变化；而平移时方向不变。

板书：方向不变、方向改变。

（三）观察判断

看录像，集体判断

师：刚才我们对平移和旋转的特点又有了进一步的认识，你能用今天我们学的知识判断一下平移和旋转的现象吗？

生：看录像并回答：1.转笔刀做旋转运动　2.文件盒做平移运动 3.传送带做平移运动　4.电风扇做旋转运动　5.用钥匙开门钥匙在做旋转

小结：看来在生活中有时平移和旋转的现象不是单独存在的，而是相互交融衔接在一起，以后我们还会研究更多更复杂的运动现象。

（四）拓展提高

考考你：

师：快看这个图形它本来是个漂亮的正方形，可是被一个小朋友变成这个样子了，你能通过平移或旋转把它恢复成原来的正方形吗？

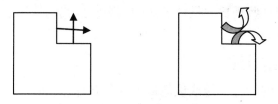

生：1.将短的竖线向右平移，再将短的横线向上平移

　　2.也可以将它们同时旋转，并演示

【效果分析】这个环节中充分为学生创造了"做中学"的机会，通过让学生看一看、找一找、说一说身边的平移和旋转现象，引导学生用手势、动作、学具表示平移和旋转，充分调动学生手、脑、眼、耳、口

等多种感官直接参与学习活动，使学生在相互协作、相互竞争中体验成功、获得进步，有限的课堂变为人人参与、个个思考的无限空间，学生真正成了学习的主人。调节学生的学习状态，在游戏中完成对学生知识技能的检查，改变你问我答的传统教学模式，改善对学生的评价方式。

（五）课外延伸

师：其实平移和旋转的现象在生活中还有很多地方会用到它呢。

1. 楼房会搬家

在我们的身边就有这么一件真真正正的事情，这是上海的一座音乐厅，地处繁华地带，为了避免噪音的干扰，就把这个重达 5000 多吨的音乐厅从一个地方搬到了离它 66 米远的地方呢。想不想看相关的报道？

师：观看录像后你有什么感受？看来楼房能搬家啊，它应用了今天我们学习什么知识？

生：楼房搬家是运用了平移。

师：看来知识的力量真是神奇而又伟大的，学习数学真的很有用，它还可以广泛地应用到生活的方方面面中去。

2. 图案欣赏

同学们，应用平移和旋转还可以创造美丽的图案呢，你们想看吗？（课件欣赏）我们学校的同学都在出奥运小报，他们设计了很多好看的边框，老师也设计了两张，这里面有平移和旋转？（课件欣赏）你们回去也可以应用这些现象去设计美丽的图案装点我们的生活，使我们的生活变得多姿多彩。

（六）课堂总结

通过今天的学习，能谈谈你最大的收获是什么？

七、教学反思

本课从尊重学生出发，顺应学生的学习方式，《数学课程标准》强调学生的数学学习内容是"现实的"、"重视从学生的生活经验和已有的知识中学习数学和理解数学。"空间与图形的知识与生活有着密切的联系，因此提供日常生活中的实例，创设具体的生活情境十分重要。所以在本课的导入部分我用课件出示火车、钟、摩天轮、船的动态图，引导学生进行观察、比较、分类并用手势比画各种物体的运动方式，初步感知平移、旋转现象，从而形成表象，引出课题。接着，让学生在观察的基础上，运用感知的经验，说一说生活中的平移与旋转的具体实例，并判断日常生活中物体平移与旋转现象，以加深对平移及旋转的理解。学习完这一环节，学生会发现数学就是生活，生活中处处有数学。

"自主、探究、合作学习"是新课程改革特别提倡的学习方式，在课堂上，我引导学生用肢体现场体验平移和旋转现象，在座位上做向左向右平移和原地旋转一圈，来感知平移和旋转的运动方式，发展了数感，体验了成功，获取了数学活动经验，真正体现了学生在课堂教学中的主体作用。

（北京市义务教育课程改革试验教材二年级数学）

找规律

李小琴

一、课标要求

《义务教育数学课程标准（2011年版）》中明确提出："创新意识的培养是现在数学教育的基本任务，应体现在数学教与学的过程之中。"有效地提高学生的创新意识，寻找和发现周围世界事物之间的联系以及事物间变化的规律是数学教学的重要任务之一。友善用脑理念强调要相信学生的学习能力，也就是要求一定要把学习的主动权还给学生，使他们根据自己的理解和体会学习找规律并创造规律。所以，本课作为一种联系生活实际找图形和数列的简单排列规律的教学活动，有利于激活学生思维，发挥想象力和创造力，让学生经历观察、操作、猜测、分析、推理等活动过程，从而发现规律。

二、学习目标

1. 让学生发现、经历、探究图形简单的排列规律，通过比较，从而理解并掌握找规律的方法，培养学生初步的观察、操作、推理能力。

2. 在教学过程中，发展合理推理能力，并合理、清晰地阐述自己的观点。

3. 合作中逐步形成评价与反思的意识。

4. 培养学生发现和欣赏数学美的意识。

三、学习重点、难点

学习重点：发现图形的排列规律。

学习难点：体会一组图形重复出现多次就是排列规律。

四、学情分析

一年级学生已经初步具备了基本的表达能力和数数能力。找规律的过程完全符合学生认识事物的规律。在寓教于乐中，让学生动用多种感官参与教学的全过程。

五、课堂实录

（一）游戏引入

师：今天带领大家做几个动作，看谁的眼睛亮最先学会，好不好？

教师先示范：拍手两下拍肩两下。师重复两次后边做边说：学会的可以跟着老师做。师生一同接着活动，重复至第三遍时教师喊停，只拍手两下，问："接下来怎么拍？"

师：咦，你们发现了什么？（学生显出惊讶的表情）

生：就是几个相同的动作重复做下去。

师：对，像这样的一组动作重复做下去就叫规律。日常生活中，有规律的事物总能给我们一种美的享受。这节课我们就来找规律。（板书：找规律）

【效果分析】兴趣是最好的老师，课初能否激发学生的学习兴趣将直接影响课堂教学效率。关注学生的生活经验和已有的知识体验是《标准》的重要理念之一。因此，课始我安排了"做动作"的游戏，既活跃了课堂气氛，又让学生感知了规律的存在。

（二）引导探索，认识规律

1. 创设情境，探究规律

师：小羊们和灰太狼一家正准备开联欢会，我们赶快去看看。（出示课件）他们邀请了这么多小朋友，请同学们仔细观察把你发现的规律和同桌说一说。

师：说完了坐端正，现在谁来告诉老师哪里有规律？

生：有红旗和黄旗，有红灯笼、紫灯笼、绿灯笼，还有红花和蓝花。

生：它们排列的有规律。

师：那好，我们就来看看都有怎样的规律。

（出示彩旗的课件）彩旗是按什么规律排列的?把你看到的说给你的同桌听一听。(学生同桌合作)

师：把你的发现告诉大家。

生：红黄红黄红黄红黄。

师：谁能完整地说一说？

生：我发现彩旗在排列时是一面红旗一面黄旗，再一面红旗一面黄旗，再一面红旗一面黄旗这样重复地排列下去的。

生：彩旗是按红黄为一组重复出现的。

师：你们同意吗?

生：同意。

齐读：重复出现。

想一想最后一面应该选什么颜色呢？（指两位生复述）

师：是啊！彩旗是按这样的规律重复出现的，那彩花、灯笼又有怎样的规律呢？

学生独立思考，同桌互相说怎样找到规律的，看谁说得最好。指生汇报。全班一起说一遍。

生：花是按绿花红花，绿花红花这样重复出现的。

师：是这样吗？灯笼呢？又有怎样的规律？

生：灯笼是紫黄为一组重复出现的。

师：是的，灯笼是按紫黄一组重复出现的，小花是绿红为一组，彩旗是红黄一组有规律重复出现的。大家从这里找到了这么多的规律，棒极了！

师：同学们又是怎样有规律站的呢？

师：同学们发现了生活中物体的排列是有规律的。

【效果分析】苏霍姆林斯基曾经说过："在人的心灵深处，有一种根深蒂固的需求，这就是说希望自己是一个发现者、研究者、探索者。"本环节设计了"喜羊羊开水果店"的场景，让学生在自己喜欢活动中，探究发现规律、体验规律，使学生在动眼、动脑、动口的过程中加深规律的概念。

2. 图形的规律

师：喜羊羊不欢迎灰太狼，灰太狼很恼怒，气汹汹地赶来了。它带来了一道难题想难倒你们，你们敢不敢接受挑战？

师：（出示课件）你能不能找出这两组图形的规律？谁来猜一猜，后面应摆哪一个？（同桌互相商量）

指生回答。

涂一涂

（课件）师：请同学们仔细观察，你又发现了什么规律？照这规律后面应怎样涂色？

师：谁来说说你找到的规律？应怎样涂色呢？

生：我是这样涂的。正方形是按绿黄一组重复出现的，到了这里正好是涂绿色和黄色。而三角形是按蓝黄红这样的顺序重复出现的，后面就要是黄色和红色。

师：同学们比较一下，上下有什么不同？正方形是几个一组重复出现的？（2个一组）三角形呢？（3个一组）

师：（课件呈现 1 个正方形 3 个三角形）这又是几个一组重复出现的？（4个一组）

师：它们分别重复出现了几次？

生：三次。

师：是呀，只有图形重复出示了两三次之后才能找到规律。

师：看到同学们们都能找到图形的规律，懒羊羊想来考考大家，故意把一些图形藏了起来。

（课件演示：懒羊羊笑着挡住了每一组其中的一个图形）

师：看！懒羊羊先把谁藏起来了？

生:绿色的倒立的三角形。

师：对吗？

生：对。

师：谁猜一猜，下面会是什么图形？

生：黄色的三角形。

（学生异口同声地说：一个红色的圆形，一个粉色的正方形）

师：（拖出一个或两个错误的图形）这样摆行吗？错在哪？

【效果分析】《数学课程标准》中指出："推理能力主要表现在：能通过观察、实验、归纳、类比等获得数学猜想，并进一步寻求证据、给出证明或举出反例？"本环节让学生在猜测图形的活动中，更加明确规律的概念，加深对规律的认识，培养了推理能力。

3. 实践运用，体会规律

（1）欣赏规律美

师：小朋友们的眼睛真亮，找到这么多的规律。老师也收集了一些有规律的图片，请欣赏。（课件演示）

（2）找生活中的规律

学生互相说说生活有哪些有规律的事物。

（3）创造规律

师：有规律的事物装扮了我们的世界，美化了我们的家园。我这里有些水果，怎样摆才有规律呢？同桌商量一下。指生上台演示。

师：他是按几个一组摆的。谁能超越他，你还能摆出几个一组的？

师：同学们真了不起。那你们想不想当一名小小设计家？

要求是这样的：用老师发给你们的材料（没涂色的各种水果），想想用这些该怎样设计才有规律，然后动手涂一涂。看谁的作品最有创意。

学生分组活动，教师巡视指导。活动结束后，教师有目的的让几个学生上台展示，然后将完成的作品送给爸爸妈妈。

（三）回顾整理，反思提升

师：这节课，我们一起认识了规律，希望同学们学习了这些新知识，不但会找生活中的规律，而且会创造规律，把我们的生活装扮得更美丽。

六、课后反思

《找规律》是《北京市义务教育课程改革实验教材数学》一年级下

册的内容。这节课不仅是要让学生掌握所学的知识，更重要的是要创造一种和谐愉悦的气氛，让学生能够从中感受到学习的乐趣，并主动地去探求知识，发展思维。这节课我为学生创设了多彩的生活情境，引导学生观察、思考、实践、体验，以达到知识与能力共进，情感与体验提升。个人觉得这节课以下几个方面做得比较好。

1. 数学源于生活，生活中总有许多鲜活的数学学习题材。本课一开始就选取了富有儿童情趣的活动内容"小羊们和灰太狼一家开联欢会"作为主题，在"规律小屋"、"挑战灰太狼"、"我把谁藏起来了"几个环节的教学活动中，引导学生联系生活找规律，最后又运用规律创造生活中的规律美，使学生体会到数学在生活中的广泛应用，促进学生建构数学知识，提高学生的数学素养。

2. 通过互动合作激活友善用脑思想。活动过程是教师与学生、学生与学生之间的互动过程。在这节课的活动中，运用了小组合作的学习方式，学生始终是在交流、合作中学习，活动促进了同伴间的交流，培养学生的合作意识。另外，老师对学生的鼓励、引导和委婉的提示，学生对他人做法的肯定、指正，都达到了师与生、生与生的互补与共进的教学要求。

3. 设置多个环节实践友善用脑。这节课把"小羊们和灰太狼一家开联欢会"这一情境下的活动贯穿于整节课的始终，使学生通过猜一猜、想一想、摆一摆、涂一涂、画一画这些有趣的活动感受规律，创造规律。学生在一次又一次的活动体验中加深对规律的认识，只有学生自己体验的，才是真实的、深刻的。

4. 在教学中运用友善用脑思想进行学科拓展。在这节课中，教师和学生共同欣赏美丽的内容有规律的图片，寻找生活中有规律的事物，激发了学生热爱数学、主动发现关的情趣。在学生与数学交往的过程及审美的过程中充溢着浓浓的人文气息。

这次教学活动不足的地方是：友善用脑在学科教学中的实施方法理解不够。再因为时间有限，没有展示更多的学生创造的规律．因而没能

使更多的学生体会成功的喜悦。我想只有在实践运用中才会发现问题，希望在今后的教学中，要注意自己教学语言，能够更好地把握课堂，把学生良好习惯的养成贯穿于每一堂课。

（北京市义务教育课程改革试验教材一年级数学）

分数的初步认识

李秋冬

一、课标要求

《课程标准》指出："有效的数学学习活动不能单纯的依赖模仿与记忆，动手实践、自主探索与合作交流是学生学习数学的重要方式。"友善用脑认为，如果教学方法得当，所有学生都能轻松学习，教师应营造安全、积极、友善的用脑环境，采用多感官的教学方法，运用有益的放松运动，把课堂知识与生活联系起来，因此在教学中，教师可以借助形象、直观的材料，通过学生的动手实践，帮助学生初步建立分数的概念，让学生经历"做数学"的过程。

二、学习目标

1. 在具体情境中理解平均分的含义，初步认识分数，会读写几分之一。

2. 通过动手操作、观察比较、小组合作等活动，初步建立分数的基本概念，培养学生的合作意识、数学思考和语言表达能力。

3. 感受数学与生活的密切联系，激发积极、愉悦的数学情感，获得运用知识解决问题的成功体验。

三、学习重点、难点

学习重点：理解几分之一的意义。

学习难点：理解几分之一的意义。

四、学情分析

三年级的学生形象思维活跃，他们敢想敢说，"分物品"是学生生活中经常遇到的实际问题，把物品分成同样大小的几份是学生感知的

"公平分配"思想。学生在生活中对"物体和图形的一半"是熟悉的，但他们抽象思维发展很不成熟，本节课是学生第一次接触到分数，教材借助实物、图形，通过观察、操作等活动，让学生经历分数的概念形成过程，理解一些简单分数的具体含义，初步建立分数的概念。从整数到分数是数概念的一次扩展，由于分数与整数的意义、读法写法以及计算方法上有很大的差别，会对学生的学习造成很大的障碍。分数的初步认识是小数的初步认识的基础，同时也为后面五年级继续学习分数意义和性质及六年级分数乘除法的学习奠定必要的基础，这些环节丝丝相扣，螺旋上升，建构分数的完整体系。

五、学习过程（课堂实录）

（一）创设情境

师：同学们，在二年级时我们学习了除法的认识，除法能够帮助我们解决很多问题，这几个问题你能解决吗？

（1）把 8 块月饼平均分给 2 个人，每人能分到几块？

（2）把 4 块月饼平均分给 2 个人，每人能分到几块？

（3）把 2 块月饼平均分给 2 个人，每人能分到几块？

（4）把 1 块月饼平均分给 2 个人，每人能分到几块？

师：当我们把一块月饼平均分成 2 份时，已经不能用学过的 1、2、3 这些整数来表示，"半个"应该用哪个数表示呢，今天我们就来研究这个问题。

【效果分析】从学生已有的生活经验和知识基础出发，激发学生的兴趣，调动学生学习的积极性。

（二）动手操作，理解分数的意义

1. 分一分，认识 $\frac{1}{2}$

（1）动手探究"平均分"。

师：拿出手里的圆形纸片，用它代表一块月饼，亲自为 2 个小朋友分一分吧！

学生动手做，老师巡视。

师：谁说一说你是怎么分的？

学生边演示边交流：对折后把西瓜平均分成 2 份，每份是半个。

追问：对折的目的是什么？

板书：平均分。

【效果分析】动手操作是学生必须具备的数学能力。在这个环节设计折一折，就是让学生深刻体会"平均分"是产生分数的前提条件，为后面发现新的分数作了铺垫。

（2）课件演示：

出示课件，教师边演示边说：我们把一个圆平均分成了两份，每份就是这个圆的 $\frac{1}{2}$。

观察 $\frac{1}{2}$ 怎样写，并书空

师：刚才我们认识了 $\frac{1}{2}$，想一想 $\frac{1}{2}$ 是怎样找到的？

练习说：自己说一说；同桌说说；指名说。

【效果分析】多媒体课件的直观教学，能够让学生加深对 $\frac{1}{2}$ 的认识，同时也降低学生对分数概念的理解。

（3）找一找，我们学过的一些平面图形中有 $\frac{1}{2}$ 吗？

【效果分析】通过找图形的 $\frac{1}{2}$ 的活动，进一步加深了学生对 $\frac{1}{2}$ 的意

义的理解。

2. 说一说，认识 $\frac{1}{3}$。

师：图 5 这个长方形中涂色部分可以用几分之几来表示？生：$\frac{1}{3}$。

师：为什么可以用 $\frac{1}{3}$ 表示？

生：把一个长方形平均分成了三份，其中的一份就是长方形的 $\frac{1}{3}$。

师：这个长方形中有几个 $\frac{1}{3}$？【3 个 $\frac{1}{3}$】。

师：把一个长方形平均分成了三份，其中的每一份都是长方形的 $\frac{1}{3}$。

【贴出 $\frac{1}{3}$】。

练习：判断下面四个图中，哪个图的阴影部分可以用 $\frac{1}{3}$ 表示？

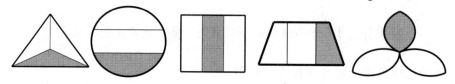

【效果分析】由找 $\frac{1}{2}$ 的活动直接过渡到认识 $\frac{1}{3}$，衔接自然，判断题的设计引导学生深入理解平均分的概念，加深了对分数意义的理解。

3. 折一折、画一画，认识 $\frac{1}{4}$。

师：我们认识了 $\frac{1}{2}$、$\frac{1}{3}$，接下来我们就认识一下 $\frac{1}{4}$。那你知道 $\frac{1}{4}$ 表示什么意思吗？

生：阐述对 $\frac{1}{4}$ 的认识。

师：拿出正方形纸，动手折一折，用阴影表示出 $\frac{1}{4}$ （学生活动）。

展示交流，说说自己是怎样得到 $\frac{1}{4}$ ？

提问 1：上面四种折法不同，得到的图形也不一样，为什么都能用 $\frac{1}{4}$ 表示呢？

提问 2：这几个图形的 $\frac{1}{4}$ 大小一样吗？（课件演示，转化成统一图形）

出示一个大正方形，比较它的 $\frac{1}{4}$ 与学生的正方形的 $\frac{1}{4}$ 的大小。

生：大小不一样，因为两个正方形的大小不一样。

师：在用分数表示时，我们一定要说清是谁的几分之一。

【效果分析】充分调动学生学习的积极性，给学生提供充足的从事数学活动的机会，激发创新动力，在动手实践、交流讨论中探究新知，理解并掌握分数的意义，培养学生的探究能力和探究意识。

4. 揭示课题：像 $\frac{1}{2}$、$\frac{1}{3}$、$\frac{1}{4}$ 这样的数，就是分数。

5. 你还知道其他分数吗？（找 3 个学生说一说）

6. 动手创作分数

师：同学们，咱们认识了这么多的分数，那你们想不想自己创造分数？动手画一画，然后跟你的同桌介绍一下这个分数的？

（三）综合练习，深化认识

1. 用分数表示涂色部分。

【效果分析】本题巩固了学生对分数意义的理解，同时练习了分数的书写。

2. 说一说，你能想到几分之一？

3. 估一估：头占全身的几分之一？

【效果分析】通过联想训练，巩固学生对分数的认识，体会数学与生活的联系，估一估的练习重在培养学生的数感，让学生在熟悉的事物中感悟分数的意义，提高学习兴趣。

4. 数学文化：分数的起源

【效果分析】数学文化应该走进小学数学课堂，渗入实际的数学教学，使学生在学习数学的过程中真正受到文化感染。

（四）全课总结

说说这节课你有哪些收获？

【效果分析】让学生自己说说本节课的收获，既是对本节课所学知识的回顾与整理，又可以培养学生的概括表达和自我评价的能力。

六、教学反思

1. 创设情境，激发学生的学习兴趣。

数学的知识来源于生活，课伊始，我创设了分月饼的教学情境，在分月饼的过程中，自然而然的产生了要学习一个新的数的需要，从而体会分数产生的必要性，有效调动学生学习的积极性。

2. 加强数学实践活动，让学生主动构建数学知识。

友善用脑强调，有效的学习，必须广泛调动多种感官，尽可能地让更多学生参与到学习中来,动手操作对学生建构新知有着积极的促进作用，课堂上我提供了充分地动手实践的机会，让学生在动手、动脑、动口的过程中，体会分数的意义。

在认识二分之一、三分之一、四分之一后，教师放手让学生借助学具自己去创造分数、研究分数。这就给学生提供了广阔的创造空间。我们欣喜地发现，每个学生根据自己的体验，用自己的思维方式自由地、开放地去探究、去发现、去再创造分数，他们有各自独特的发现。不仅顺利地认识几分之一，而且还创造出了几分之几的分数，并且还能举生活中的实例来验证，说明学生的潜力是无穷的。在这"做数学"的过程中，学生创新火花不断地迸发出来，不断体验到创造的愉悦和探索的乐趣。

（北京市义务教育课程改革试验教材三年级数学）

盒子里的宝贝

马俊生

一、课标要求

作文教学效率不高一直是个老大难问题。有的学生到了六年级，作文依然写不具体，缺少真情实感。《课标》中指出：要让学生乐于动笔，易于表达。友善用脑理念强调要相信学生的学习能力，每个学生都是天生的学习者。小学作文是儿童作文，小学作文教学就应符合儿童的特点。因此，尊重儿童的特点，根据儿童特点设计出符合他们表达需要的表达平台，让学生在愉悦的写作平台中习得作文的方法，提高作文的能力和兴趣，是提高作文教学效率的有效途径。

二、学习目标

1. 能不拘形式地写下自己的见闻和感受，表达出自己的独特体验。
2. 激发习作的兴趣，启发学生养成留心观察的习惯。

三、学习重点、难点

能不拘形式地写下自己的见闻和感受，表达出自己的独特体验。

四、学情分析

四年级的孩子有了一定的写作知识，也具备一定的写作能力。存在的主要问题在于作文写不具体，缺少真情实感。造成写不具体的原因很多，但主要的原因是学生观察得不够细致，缺少观察的方法，也不知道该怎么叙述观察所得；造成作文缺少真情实感的原因也很多，但主要原因是所写内容不能触动学生的心灵，所写内容不是学生想要写的内容。除此之外还有如下需注意的问题：语病，学生有一些不规范的语言；无序，叙述时不能按一定的顺序叙述；无重点，不能抓住事物的主要特征。

五、学习过程（课堂实录）

（一）创设情境，激发兴趣

（作文课开始了，教师拿着一个精致的方形盒子走进教室，小心翼翼地把它放在讲台上。这一举动一下子就将孩子们的目光聚焦在盒子上）

师：（故作神秘地说道）今天我给大家带来了一个有趣的盒子，里面装着一个我最喜欢的非同一般的宝贝，你们猜猜会是什么呢？

（孩子们个个都睁大了好奇的眼睛。教师小心地摇动盒子，发出轻微的碰撞声。）

师：谁先猜？

生：是小鸡，要不是小鸭子，最近校门口每天都有人在卖。

生：小鸡小鸭怎么算是非同一般的东西？是小刺猬！

生：是蛇！

生：不可能，老师胆子没有那么大，她不敢抓蛇，我打赌！

生：是蝌蚪……

（学生的好奇心如同火苗越燃越旺，伴随着猜测和阵阵笑声，一时间课堂气氛十分热烈）

【效果分析】神秘的盒子如写作的助推器，在老师巧妙地渲染下，孩子们写作的欲望被点燃。

（二）趁势点拨，表达猜测

师：（微笑着打断学生们的猜测）从刚才大家的眼神和话语中我感受到了你们的好奇，想看看盒子里的东西吗？第一个上来揭开谜底的人选怎么产生？写！把自己好奇的心情写出来，我请最好奇的那一个来看。

【效果分析】老师相机将学生的好奇心转化为一种学习期待。在强烈的好奇之中，想先睹为快的冲动，加上描写的内容是自己最想表白的感受，这一切汇聚成孩子们的写作动力。

（三）交流真情，首次观察

（在学生们的催促声中，老师请一组学生开火车读自己的习作片

断）

生：老师今天很奇怪，居然带着一个漂亮的盒子来上课，瞧她那神秘兮兮的模样，真不知道葫芦里卖的是什么药。听她说盒子里有一个非同一般的小东西，机灵可爱，还是她最喜欢的，到底是什么呢？同学们有的说是小鸡，有的说是金鱼，还有的说是蛇，我觉得都不大可能。到底是什么呢？我头脑里的疑问比米缸里的米粒还多，真希望我是老师的心，那样我就能知道老师到底在搞什么名堂了。

（该生的精彩表达被同学们的掌声打断，她被选中了，在同学们的注目礼中走上了讲台。其他同学既遗憾又羡慕）

师：我们俩悄悄地看，这是咱俩的秘密，看完后可不能泄漏，你能不能守口如瓶？

生：（忙不迭地点头）：保证守口如瓶！

（老师把盒盖慢慢打开，半开半闭地让上台的学生观察。全班同学目不转睛地盯着观察者神情的变化，想从她的反应中捕捉到更多的信息。台上的观察者显然被看到的东西弄懵了，愣愣地站着，等她醒悟过来，不由地笑了。但是因为事先有言在先，不能讲，她笑着走到座位上，神秘气氛在教室里弥漫开来。一双双眼睛看着老师，渴望着答案）

【效果分析】学生的好奇心、求知欲被再一次调动，成为课堂上学生真情表达的有一个契机。

（四）及时写作，再次观察

师：哈哈，你看到什么？你又什么新的感受？还是写吧，一个一个地说我们没有那么多的时间，写下来，小组为单位自己选吧，选上的同学来看盒子里的秘密！

【效果分析】学生刚才都十分注意观察讲台上发生的一切，每一个细节都被他们捕捉到了，估计从只笑不语的观察者身上并没有获得答案，倒是被他的一愣一笑弄得心痒难耐，写来笔走如飞。大部分的孩子描写了观察者的神态变化以及由此产生的自己的心理感受。

生：王老师那么小心地打开盒子，好像生怕里面的宝贝跑出来似的。

李露茜笑得那么灿烂，看来盒子里的小动物一定很不一般，我真想变成她啊……

（每组经过交流推选出来的同学宣读了自己的心情记录，然后依次上台观察，要求仍是不能泄密，结果也依旧是观察者若有所悟，笑而不语）

（五）推波助澜，三度习作

（此时，学生的好奇心被激发到了极点，有几个女孩都快急哭了，有胆大的男生开始抗议）

生：不公平，我们也很好奇，为什么不能看？

师：刚才我们说好的规则，大家不是都同意了吗？现在又想变了？说说我必须给大家看的理由，要不把你的失望或者气愤写一写？写下此时的心情，实话实说，为大家争取揭开秘密的机会！

（学生迅速动笔，几分钟后学生开始述说）

生：我急得心都快要从嗓子眼里蹦出来了，老师最通情达理，不忍心看我这样吧？

生：我失望极了，觉得自己是天底下最不幸的人，王老师，求求你给我看看吧……

生：老师不给看，我就和大家一起把盒子抢过来……

（六）水落石出，完成习作

（在学生纷纷激动流畅地真情告白时，教师趁势接过学生的话头，我当众打开盒子，把盒子送到每一个孩子的面前揭开谜底）

师：盒子里放着一面小镜子，那个老师最喜欢的机灵可爱的非同一般的小东西原来就是在座的每一个学生。

师：如果把刚才课堂上写的几个小片断加以整理，就是一篇真实、生动的体验作文了！其实，一个人的亲身经历就是一种体验，只要用心去感受、关注、欣赏、评价，就会有自己独特的感受，独到的见解，就一定能写出有真情实感又生动精彩的习作来！

五、课后反思

《小学语文课程标准》中有这样的阐述：写作是运用语言文学进行表达和交流的重要方式，是认识世界、认识自我、进行创造性表述的过程。写作教学应贴近学生实际，让学生易于动笔，乐于表达，应引导学生关注现实，热爱生活，表达真情实感。但令人遗憾的是，在平时的作文教学中，小学生编造事实、虚情假意、东拼西凑、仿作套作等虚假作文的现象十分严重。这不仅影响学生作文能力的提高，而且还不利于孩子健全人格的形成。每每读到这些缺乏真情实感、毫无生趣的文字，我们除了无奈之外，更多的是忧心。教者静思其因，绝不能只找学生主观因素，应该从我们的语文教学、作文指导等客观方面上去分析问题，探寻到小学生作文真情实感的源头。

在作文课《神奇的盒子》课堂上，当老师拿着一个方形盒子走进教室，小心翼翼地把它放在讲台上时，一下子就引起了孩子们的注意。"今天我给大家带来了一个有趣的盒子，里面装着一个我最喜欢的非同一般的宝贝，你们猜猜会是什么呢？"学生的好奇心如同火苗般被点燃，且在一次次猜测中越燃越旺。"第一个上来揭开谜底的人选怎么产生？写！谁能把自己的心情写出来，谁就第一个上来看。"学生此时正在强烈的好奇之中，想先睹为快成为习作的动力，加上描写的内容正是此时最想表达的感受，学生写起来很顺手。接下去的观察、揭秘、写作，都紧紧围绕着"神秘的盒子"展开。学生们始终处在一种积极求解，大胆表达，主动交流的状态中，快速记录下自己的体验、感受成了孩子们的迫切需要，而一篇篇真实、有新意的作文也就随之而来了。以往需要两节课甚至更长时间才能写完的习作，在短短的一节课内就基本完成了：什么《神秘的盒子》《奇妙的体验之旅》《原来如此》《惊心、快乐的作文课》等等，佳作频出。就连平时害怕作文，一节课都难"挤"出几行字的学生，也都洋洋洒洒地写出了真实又生动的文章。反思教学设计与实践，我有以下几点感受：

1. 切合实际订好习作训练计划。

结合课标第二学段习作阶段训练目标和苏教版习作安排，我订下了四年级习作训练计划，着重训练学生"留心周围事物，不拘形式地写下见闻、感受和想象，表达出自己的独特体验"。

2. 开掘学生真情作文的源泉。

"问渠哪得清如许，为有源头活水来"。习作的"活水"来源于生活与阅读。"汝欲作诗，工夫在诗外。"生活蕴含着大量的情感因素，只要我们热爱生活，经常体验生活，就会找到富于真情实感的素材。教师既要引导学生留心生活，用心感受；又要指导学生进行有效地阅读，开阔阅读源，避免由阅读模仿导致的习作模式化。

3. 巧妙创设情境引发写作激情，在体验中指导习作。

教师要有"大作文观"，善于发现和捕捉生活与学生情感的触发点，看似无意实为用心地创设写作情境，引导学生真情体验、迸发激情，进入创作的最佳状态。"无欲不举笔，无情难成文"。投其所好、欲擒故纵、即兴训练等，都是创设习作情境比较有效的方式。

4. 以评价为导向，鼓励学生说真话，写真情，创新意。

可以通过批阅、范文引路、集体交流等办法，鼓励学生在作文中把有真情实感的内容写充分。尊重学生，保护童真。

5. 坚信每个学生都是天生的学习者。

友善用脑理论告诉我们——每个学生都是天生的学习者。随着对作文教学研究的不断深入，我也越来越体会到，每个学生都是天生的习作者。只要我们能够唤醒他们的习作热情。

学生是作文的主人，要充分发挥学生的主动性和创造性，引导学生写出童心张扬、童趣盎然的好作文。

（北京市义务教育课程改革试验教材五年级语文）

平行与相交

连 云

一、课标要求

《数学课程标准》指出："数学教学活动必须建立在学生的认知发展水平和已有的知识经验基础之上。教学应激发学生的学习积极性，向学生提供充分从事数学活动的机会，帮助他们在自主探索和合作交流的过程中真正理解和掌握基本的数学知识与技能、数学思想和方法，获得广泛的数学活动经验。学生是数学学习的主人，教师是数学学习的组织者、引导者与合作者。"友善用脑提出，如果教学方法得当，那么所有的学生都能轻轻松松的学习。

二、学习目标

1. 通过观察、讨论感知生活中的垂直与平行的现象。

2. 初步理解垂直与平行是同一平面内两条直线的两种位置关系，认识垂线和平行线。

3. 在探索活动中，培养观察、操作、想象等能力，发展初步的空间观念。

三、学习重点、难点

学习重点：正确理解"相交"、"互相平行"、"互相垂直"等概念，理解在同一平面内两条直线互相垂直和互相平行的位置关系。

学习难点：正确判断两条直线的位置关系。

四、学情分析

在我们的日常生活中，平行与相交的现象无处不在，但由于四年级学生的知识积累与生活经验少，学生只对与本节有密切关系的"角"、"直线、射线、线段"的知识熟练掌握，但对平行与相交的现象还只是有初步模糊的认识，尤其是对于一些几何术语理解不清，如："同一平面""两直线的位置关系""互相垂直"等。将两条直线的位置关系进行分类时忽略了直线可以延长导致分类标准混乱。

五、学习过程

（一）创设情境，体会同一平面

1. 出示一个四个面的长方体

师：这是一个只有 4 个面的长方体，每个面上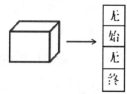各写了一个字，这样读起来方便吗？把它展开，现在 4 个字在几个平面上？

生：一个平面。　　板书：一个平面

师：读一读这四个字，"无始无终"。这是一个谜语，打一个我们学过的图形。（直线）

请学生说说为什么是直线。

【效果分析】通过教具的演示引出同一平面这一概念，并通过猜谜语的形式增加了学生学习兴趣，学生对直线可以无限延伸的特点印象深刻，为后面的学习做了很好的铺垫。）

2. 出示主题图

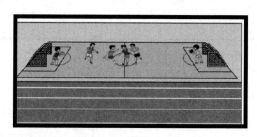

师：直线在生活中很多地方都会出现。

观察：这是哪儿？有直线吗?

生：这是跑道，跑道上的这些线可以想象成直线。

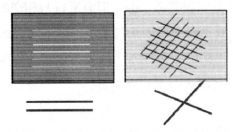

师：这些直线的位置关系是怎样的呢，伸手比划一下。

课件演示将跑道抽象成直线的过程。

师：继续观察，球门上的网格，也可以想象成一些直线，它们的位置关系又是怎样的呢，也用手势比划一下。

3. 揭示课题。师：看来直线和直线间的位置关系也是不相同的，今天这节课，我们就来研究两条直线间的位置关系。板书：两条直线的位置关系。

（二）探究新知

1. 画图感知，尝试分类

出示学习要求：师：小声读一读。

(1)按要求操作：把两根小棒看成是两条直线，在自己的桌面上摆一摆两条直线可能存在的位置关系，并用彩笔把它们画在纸上！

(2)学生动手摆一摆，画一画，教师巡视，选取典型画法，贴在黑板上。

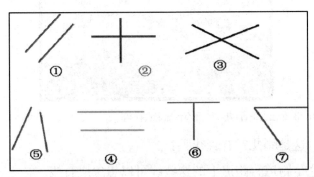

(3)师：能不能把这几组直线根据位置关系的不同分分组呢？想好后跟同学们说一说你的想法。

【**效果分析**】通过想象、操作，使学生初步感受到两条直线的位置关系，为研究两条直线间位置关系提供一个可操作的平台，同时培养了学生的空间观念及空间想象能力。

2. 汇报交流，感悟相交与平行的位置关系

(1)认识相交。

①汇报分类情况。

师：说说你是怎么分的？

生1：分为两类：交叉的一类，不交叉的一类。

生2：分为三类：交叉的一类，成为直角的一类，不交叉的一类。

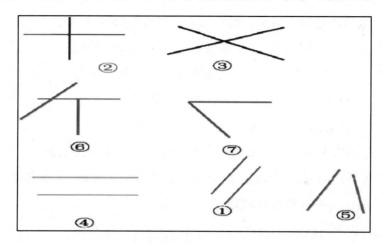

当学生在汇报过程中出现"交叉"一词时，

师：在数学上我们把交叉称为"相交"板书：相交

师：这两条直线在哪儿相交了？（用笔画出来那一点）

小结：指出交叉的点叫"交点"。两条直线相交有几个交点？

生：一个交点。

②完善对相交的认识。

师：对他的分法其他同学有什么不同看法吗？

生：我认为⑥⑦也是相交。

师：为什么？

师：某某认为⑥⑦是相交的，某某认为⑥⑦要单分一类，你同意谁

的意见呢?

生:直线应该是相交的,因为直线可以无限延长,延长后就相交了。

教师在纸上延长这两组直线,学生观察,明确是相交。

师小结:像这样的两条直线,看上去不相交,但是直线是可以延长的,延长后,就能相交了,看来在观察直线时,不能只关注表面,还需要想到延长后的情况。

(2)认识平行

师:如果第二组的直线延长,会相交吗?

生:不会。

师:这两条直线不相交,我们称为"互相平行"。板书:互相平行。

小结:刚才我们在一张平平的纸上,任意画出了两条直线,发现这两条直线有两种位置关系:相交和互相平行。板书课题:平行与相交。

【效果分析】让学生在观察比较、讨论交流、教师点拨中,逐步达成分类共识,也使学生在探究过程中,感受到"相交""平行"以及"垂直"概念的基本特征,为深化理解概念的本质属性创造了条件。

(3)练习:说说刚才你画的两条直线是哪种位置关系?(指名说一说)

3. 深化对平行和垂直的理解

(1)认识平行线

师:说一说怎样的两条直线互相平行呢?

生1:同一平面内的两条直线互相平行。

生2:两条直线之间的距离要一样的才能平行。

生3:在同一个平面内不相交的两条直线互相平行。

师总结:我们看看书上是怎样定义的。

课件显示平行的定义:在同一平面内不相交的两条直线叫平行线,也可以说这两条直线互相平行。

课件出示两条平行线:直线 a 和直线 b。

观察:a 和 b 互相平行。

● 判断：下面各组图形，哪组互相平行？

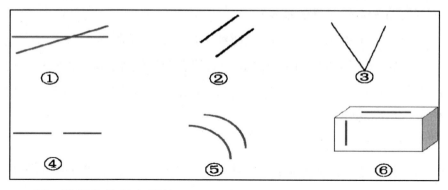

师：说说你是怎么想的？

课件重新回到"平行线"的定义，让学生读一读，体会"两条直线"。

(2)认识互相垂直

师：我们继续观察，再来看看两条直线相交的情况，两条直线相交时会产生四个角，这几组直线中有没有两条直线的位置比较特殊的？特殊在哪里？

生：四个角是直角。

师：你怎么知道它们相交成直角？

生：用三角板量一量。

课件演示：用三角板验证：

师：如果这个角是直角，那其他三个角呢？也是直角，两条直线相交，形成4个直角，是相交里的一种特殊的情况，我们把它叫做互相垂直。板书：互相垂直。

思考：两条直线怎样时，互相垂直？

生：相交成直角。板书：成直角。

师：我们看看书中是怎样定义的。

课件出示互相垂直的定义：两条直线相交成直角时，这两条直线互相垂直，其中一条直线是另一条直线的垂线，这两条直线的交点叫垂足。

师：说说你读懂了什么？

课件出示互相垂直的两条直线，配合学生的叙述，强化关键词。

小结：其中一条直线是另一条直线的垂线。

师：a 和 b 谁是谁的垂线？

生：a 是 b 的垂线，b 是 a 的垂线。这个交点叫垂足。

4. 课堂小结：同一平面内，两条直线有两种位置关系：相交和互相平行，当两条直线相交成直角时，这两条直线互相垂直，互相垂直是相交的一种特殊情况。

（三）练习拓展

1. 说一说，下面的两条直线是什么关系？（书上第 37 页第 1 题）

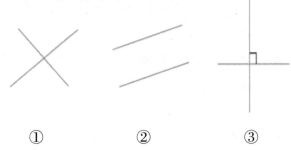

1. 下面每组的两条直线是什么关系？说一说。

①   ②   ③

第①幅图：用三角尺验证后，再得出结论；

第③幅图：追问学生：还用验证吗？

生：不用，因为有垂直符号。

2. 说一说生活中的平行或垂直的例子。

师：通过刚才的学习，我们已经对平行和相交有了清晰的认识，你能举几个生活中平行、相交、互相垂直的例子吗？教师指名回答。

师：平行与垂直现象在生活中无处不在，只要我们善于去观察，就能发现它的奥秘。

3. 折一折：

（1）把一张长方形纸折两次，使折痕互相平行。

（2）把一张不规则纸折两次，使折痕互相垂直。

（四）全课总结

师：通过今天的学习，你有什么收获？

师：今天我们认识了同一平面内两条直线的位置关系，怎样画出标准的平行线或垂线呢，下节课我们继续学习。

六、课后反思

平行与相交这两个概念不是教师告诉学生的，而是学生在具体情境中，通过操作、观察、想象以及相互间的交流主动构建的。

（一）友善用脑提出创建积极的情感氛围，情感因素也能强烈地影响学生的学习。因此在这节课中我为学生营造了积极、有效的学习氛围。课的开始，我用一个正方体教具展示给学生，吸引了学生的注意力。让学生体会到这些字不在同一个平面内，接着用学具上的四个字猜一猜，不但激发了学生学习的兴趣，还使学生复习了直线的特征，为学习新课做了很好的铺垫。

（二）友善用脑强调，有效的学习，必须广泛调动多种感官，特别是触觉和动觉，尽可能地让更多学生参与到学习中来。所以在本节课中，我让学生以分类为主线，通过学生自主探索，体会同一平面内两条直线间的位置关系。首先让学生把两根小棒看成是两条直线，在自己的桌面上摆一摆两条直线可能存在的位置关系，并用彩笔把它们画在纸上。然后老师从中选取了有代表性的学生作品展示了多组相交的、平行的、垂直的直线。让学生以"分类"为主线，让他们合作交流、小组汇报。当出现了不同分类结果时，就让同学之间互相质疑，互相辩论，在质疑的过程中引发思考，在辩论的过程中引起思维的碰撞，最后辨明道理，达成共识：在同一平面内两条直线的位置关系有相交和平行两种。

不足之处：在教学过程中及时捕捉和利用学生回答中生成的有价值的资源，引领学生思考方面还有待加强。今后会更多地关注生成资源，因势利导。课堂才能更加生动。

（北京市义务教育课程改革试验教材四年级数学）

生活中的负数

孙　平

一、课标要求

"负数"这部分内容，《课标》在具体目标中指出："在熟悉的生活情景中，了解负数的意义，会用负数表示一些日常生活中的问题。"因此，本课我设计通过学生熟悉的生活情景与已有的生活经验，在多样化的生活素材中，感知日常生活中有许多具体数量的意义是相反的，体会到具有相反意义的量可以通过引进负数来进行简捷地表示。并试图通过这节课的教学，突出数学与生活的联系，学习的内容符合学生的身心特点，从而激发学生的求知欲；在多样性学习资源的开发与利用上，着意培养学生用数学的眼光观察生活，拓宽学生的视野。

二、学习目标

1. 在熟悉的生活情境中，了解负数的意义，初步学会用正、负数表示日常生活中具有相反意义的量；会正确地读、写负数。

2. 学生在具体的生活情境中，经历数学化、符号化的过程，体会负数产生的必要性。

3. 感受正数、负数与生活的密切联系，享受学习数学的乐趣。

三、教学重点、难点

学习重点：

了解正、负数的意义；学会观察、探索、发现生活中如何用正、负数表示具有相反的量。

学习难点：

1. "0"的意义。

2. 两个零下温度的比较。

四、学情分析

友善用脑认为，每个学生都是天生的学习者，大脑通过感觉器官把经验转化成知识和记忆，人的学习潜能是无限的，学习失败是因为缺少适当的学习方法和教学方法。由于每个学生的大脑不同，每个学生建立知识体系和记忆的方式也不同，教师应欣赏和充分利用每个学生大脑的特点，挖掘每个学生的潜力。学生是学习的主体，学校的任务是使学生学会学习、主动学习，体现了学习过程的个性化和自主化。因此我让学生独自在生活中搜寻负数，自己说说负数表示的意义。对于相反意义的量也要求学生尝试画图理解，并结合生活中的逆风、顺风，以及"温度计"、"海平面以上、以下"等内容帮助学生理解。因此对于认识负数学生兴趣浓厚。课上创设的多个生活情境也使得学生潜移默化地深入理解了负数的意义。

五、学习过程（课堂实录）

（一）情境创设

师：李爷爷在小商店里卖温度计，每支温度计的进价是 10 元，想请你帮助李爷爷算一算卖这些温度计分别赚了多少钱。

第一支卖了 12 元，第二支卖了 11.5 元，第三支卖了 10 元，第四支卖了 8 元。

	第一支	第二支	第三支	第四支
赚的钱数				

学生独立填写

【效果分析】以此情景引入，贴近学生生活，并且指出了生活中确定位置的重要性，为后继学习做好铺垫。

1. 教师巡视过程中选取有代表性的记录单。

（略去各种生成）

2. 实物投影展示记录的结果，比较。

师：你认为这种方法怎么样？哪种更好？为什么？

3. 回顾：这些方法，重点看用 "-"符号的这种。

师：这个数可是一个新朋友，知道它叫什么数吗？

（出现负数的名称，板书：负数）

4. 师：生活中还哪里遇到过负数？

生：记账时会遇到这个数。

生：电梯楼层 天气预报温度。

师：生活中还存在着这么多的负数呢，今天我们就来研究生活中的负数。

（补充板书，完整课题：生活中的负数）

【效果分析】教师利用了学生的原有知识经验，并在这个基础上抓住自我生成，激化矛盾，产生内需，完成由多角度观察，到统一标准的过程，为学习用负数表示相反意义的量埋下伏笔。

（二）深入探索

1. 明确负数的读写法。

师：生活中原来有这么多的负数，大家知道负数怎么写吗？

学生试着写几个（板演）

师：谁能读读这些数？

师：像黑板上这些数都叫负数，它前面的符号叫什么？

（引出负号）

2. 认识正数

师：大家猜猜，有负数可能还会有什么数啊？板书正数。

师：在刚才的资料中有没有正数？负数有负号，正数会不会也有正号呢？正号猜猜可能怎么写？

（明确平时学过的数就是正数，正号可以省略，而负号坚决不能省略）

3. 拓展负数的意义

师：我们会读写负数了，那么负数表示什么意义呢？下面我们一起来研究。

师：老师这里有一些资料，给大家一些时间阅读一下：

课件1：电梯楼层。

课件2：海平面。

课件3：天气预报。

生阅读资料

学习提示：

（1）圈出资料中的负数。

（2）在小组里说一说负数表示什么意思。

（3）全班交流学习资料。

生小组代表发言，其他组评价。

师：海平面用什么数表示？

师：低于海平面用负数表示，高于海平面用正数表示，海平面用0表示

师：你能在温度计上找到资料中的温度吗？

（学生以小组为单位在温度计上找温度）

4. 教师出示大温度计：师：谁能在老师这个温度计上找到第一个温度？

生：标0度

0度是分界点

师：冰水混合物的温度是0度，0度是没有温度吗？

师：–18度和–2度比，哪个温度更低？

师：–0.6米/秒是什么意思？如果是+0.6米/秒，又表示什么意思？

5. 课件演示顺风、逆风可以用正数负数表示，是相反的量

练习：小明从车站向东行了3千米，小芳从车站向西行了2千米，这两个数可以分别记作（　）和（　）。

生：出现两种答案都正确，如果确定了一个方向为正，那么另一个方向就为负。

【效果分析】结合学生实际，调动学生的热情和兴趣，巩固所学知

识，突出重点，突破难点，同时培养学生的口语表达能力和思维能力。

（三）总结

师：现在你能说说对负数的认识了吗？

补充板书：画集合圈和省略号。

（四）数学文化介绍

师：我们猜猜负数是哪个国家的人发明的？（课件）

生：中国是世界上最早使用负数的国家。《九章算术》就引入了负数，并记载了负数以及运算法则。古代表示正负数有不同的方式，如红色的算筹表示正数，黑色的算筹表示负数。在古代人民的生活中，以收入钱为正，以支出钱为负。在关于粮食的计算中，以增加粮食为正，以减少粮食为负。现在负数经常用来表示意义相反的量。

听后你感到骄傲吗？

【效果分析】感悟数学文化，渗透德育教育，体会数学与生活的紧密联系。

（五）作业

师：下课后去生活中搜寻负数。

（六）板书设计

生活中的负数

正数　　　　　　　　　　负数

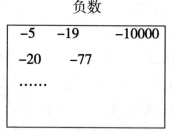

六、课后反思

本节课的教学目的是在熟悉的生活情境中，了解负数的意义，初步感受正数和负数是具有相反意义的量，并在具体的情境中，认、读负数，会用负数表示一些日常生活中的问题，进一步培养学生的数感。

友善用脑认为，如果教学方法得当，所有学生都能轻松学习，教师应帮助学生消除环境、身体、情感上的压力，克服学习障碍，营造安全、积极、友善的用脑环境，采用多感官的教学方法，运用有益的放松运动，把课堂知识与生活联系起来，即时监控学生的身体和大脑状态，特别是关注学生的注意力水平。因此本节课我尽可能让学生在实例中理解负数的意义，理解正负数是具有相反意义的量这个知识点。

（一）从实际生活的真实情境中呈现学生的原认知

"请同学们选择自己喜欢的方式来记录，关键是能让别人一眼就能看明白你所表示的意思。"这样开放性的活动，以实际生活的真实情境为研究素材，呈现出了几种不同的记录结果，透视出学生的原认知状态，在此基础上展开对新问题的研究，既让学生充分感受了研究负数产生的必要性，又能针对本班学生的实际情况调整教学策略。为实施有效的教学做好了充分的准备。

（二）运用了多种教学活动方式

在寻找生活中的负数教学环节中，我通过让学生看天气预报，找到负数，理解正负数表示的含义，明确正数表示 0 上的温度，负数表示 0 下的温度，0 是正数和负数的分界点。其次我充分利用温度计这个教具"做足文章"，让学生通过指度数明白 0 的重要性，越往下度数越低，为学习负数的大小作了铺垫。

（北京市义务教育课程改革试验教材四年级数学）

117

小企鹅和妈妈

杨玉芬

一、课标要求

小学语文《新课标》中对第一学段关于阅读提出：学习用普通话正确、流利、有感情地朗读课文；结合上下文和生活实际了解课文中词句的意思，在阅读中积累词语。友善用脑理念强调教师要充分调动学生的自主学习潜能，让学生成为课堂学习的主体，因此，教师可以在课堂教学的各个环节发挥他们的主动性，让他们感悟语言，学会朗读、学会表达。此外，低年级以识字教学为重点，教师还要引导学生在具体的语言环境中自主识字、写字，以达到《新课标》提出的使学生"喜欢学习汉字，有主动识字的愿望。"

二、学习目标

1. 用自己喜欢的方式识记生字"柔软"，并能正确、规范地书写。

2. 能通过自主学习，发现小企鹅的惊奇的心情，并能正确、流利、有感情地朗读。

3. 读懂课文，知道"只有出去闯一闯，才能长知识、见世面"。

三、学习重点、难点

教学重点：能有感情地朗读课文，读好小企鹅和妈妈的对话，体会小企鹅高兴、惊奇的心情。正确、规范地书写生字"柔软"。

教学难点：理解妈妈说的话。

四、学情分析

二年级学生年龄小，理解事物主要以形象思维为主，又因为学生对企鹅及其生活环境较陌生，需要教师充分利用多媒体技术，创设情境，为学生提供多感官学习的条件，以帮助他们获得个体体验，发展语言和思维。在学习方法上，学生已经能够结合老师的自学提示，进行简单的语句标画，这有助于老师引导学生自主探究感悟小企鹅惊奇的心情。此外，教师可以适时发挥小组合作学习的优势，采用多种朗读方法，引导学生进行分角色有感情地朗读。低年级课上老师还要重视生字的书写指导，培养学生良好的书写习惯。

五、学习过程（课堂实录）

（一）情境导入，引出课题

师：你想了解小企鹅和妈妈的故事吗？今天我们一起学习第14课，大家齐读课题。

生：小企鹅和妈妈。

师：课文中有些词语你还认识吗？考考你！男女生比赛读。

男生：清新的、高兴地、世界、吸气。

女生：银色的、深深地、空气、欣赏。

师：换种方式还会读吗？

（用白板的聚光灯功能任意出示词语，学生抢答）

师：你能给词语找朋友，用线连起来吗？

（指名在白板上动手操作，进行词语搭配连线，教师引导其他同学有语气朗读）

生：清新的空气、银色的世界、高兴地欣赏、深深地吸气

【效果分析】运用白板的聚光灯、标画等功能，调动了学生学习的主动性、积极性，检验、巩固了学生词语的积累，同时有效地训练了学生有语气地朗读词语，体现了学科学习的理念。

（二）深入理解课文内容，体会情感

1. 了解企鹅特点，有语气地朗读小企鹅和妈妈的三次对话。

师：自由读课文，把课文读正确、流利。读后想一想：小企鹅钻出妈妈的褶皮后看到了什么？

生：小企鹅看到了蓝色的天和银色的地。

师：你知道小企鹅住在哪儿吗？（出示句子和企鹅妈妈的图片）

生：小企鹅住在企鹅妈妈肚子下面白色的褶皮里。

师：妈妈的褶皮又在哪儿呢？什么样呢？（标画褶皮位置）褶皮大约有 5 厘米厚，像一间温暖的小屋把小企鹅装在里面，而且很柔软。"柔软"这个词是这节课要学的生词，谁来带着大家拼读一遍？

生 1：柔软。

师：谁来说说"柔"怎样记字形？

生 2：我用熟字加偏旁：上边一个"矛"下边一个"木"合起来就念"柔"。

师：谁来说说"软"怎样记字形？

生 3：我用偏旁加熟字：前边一个车字旁，后边一个"欠"，合起来就念"软"。

师：生活中还有什么东西是柔软的？你能用这样的句式来说说吗？

柔软的（　　　　　）

生 4：柔软的海绵。

生 5：柔软的沙发。

生 6：柔软的棉花……

师：老师这有一块毛巾，用你的小手来摸摸，用你的小脸来贴贴，什么感觉？

生 1：（摸一摸）"柔软"。

生 2：（用脸贴一贴）"舒服"。

【效果分析】多媒体课件使学生直观理解了企鹅褶皮的位置。让学生用自己的方法来记忆字形，发挥了学生的个体优势，提高了记忆的效果。此外，使用多感官教学方法，让学生用脸贴，用手摸的方法理解"柔软"的意思，直观、形象，体会深刻，继而增强了对小企鹅的了解。

2. 抓住三次"惊奇"，分层指导朗读

师：有一天小企鹅在妈妈的褶皮下钻出来了，它看到外面的世界是什么心情？

生：高兴。

师：接下来，它不仅仅是高兴的，还有什么心情？请你根据老师的自学提示学习：

1. 默读课文 5—10 自然段，分别画出小企鹅和妈妈说的话。

2. 想一想：小企鹅看到外面的世界，心情有没有变化？

生：（自学课文）

师：数数小企鹅和妈妈说了几次话？你能从这些句子里看出小企鹅心情什么样？

生：三次。小企鹅的心情是惊奇的。我是从："小企鹅惊奇地赞叹着"、"小脑袋惊奇地摇晃着。"和"小眼睛惊奇地望着妈妈。"从这些句子里看出来的。

师：你真会回答问题！张子依同学能够从提示语中体会到小企鹅的惊奇。其实，我们不但能从旁白里，再看看还从小企鹅说的话里体会到它什么心情？

生：我从小企鹅说的话里末尾的"！"体会到它惊奇的心情。

师：你们真会学习！下面就让我们带着惊奇的语气，分角色读一读小企鹅说的话。

生："哦，这天，这天多么好看！"小企鹅惊奇地赞叹着。

师："这是蓝色的天。"妈妈告诉她。

生："哦，这地，这地的颜色真美丽！"小脑袋惊奇地摇晃着。

师："这是白色的冰雪。"妈妈告诉她。

生："这世界就是由蓝色和白色组成的吗？"小眼睛惊奇地望着妈妈。

师：想一想小企鹅在妈妈的肚子下，看到的世界是什么样子？从妈妈的褶皮下出来后看到的世界是什么样的？

（课件出示：先出示一片漆黑的图片，创设小企鹅在妈妈肚子下看到的情景。接着出示它钻出来后看到蔚蓝的天空和银色的雪地的图片，加以对比）

师：带着此时的惊奇与兴奋读读小企鹅与妈妈的三次对话。

（男女生练习对话）

师：小组内分角色朗读对话。

（学生小组内分角色朗读，并展示）

【效果分析】教学中，通过抓住文本、创设情境、小组学习的方式，引导学生逐渐由词到标点，体会到小企鹅惊奇的心情。在此基础上，通过在小组内分角色朗读等方式，调动了学生的积极性，从而使有感情地朗读水到渠成，落实了本课教学的重点。

3. 理解妈妈的话

师：在小企鹅的眼里，它认为这世界是由哪两种颜色组成的？

生：蓝色和白色。

师：小企鹅是这样想的，妈妈又是怎样回答它的问题的？谁来读读妈妈说的话？

生：妈妈笑着告诉妞妞："从妈妈的肚子下面看世界，只能看到蓝色的天和白色的地。等你长大了，出去闯闯，你还能看到绿色的草、红色的花，还有七彩的长虹。世界很大很大，是非常美丽的……"

师：想一想：妈妈的话中"闯闯"是什么意思？

生1：逛逛。

生2：走走、跑跑。

师：能不能把"闯闯"换成"走走"？

生：不能换。因为"闯闯"需要勇气。

师：原来妈妈其实是在鼓励小企鹅要勇敢地闯世界。我们一起看看世界是什么样的？欣赏（配轻音乐）：绿树、红花、彩虹的图片。

师：想一想：小企鹅走出世界还会看到什么？用"我们生活的世界还有（　　　）的（　　　）。"说一说。

生1：绿色的草。

生2：蓝色的大海。

生3：黄色的沙漠。

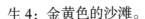

生4：金黄色的沙滩。

生5：一望无际的大草原。

师：这些都说明我们生活的世界不但是蓝色和白色的，还是丰富多彩的。

【效果分析】利用白板功能出示绿树、红花、彩虹的图片，并配乐，引发学生进行思维拓展，练习说话，从而感悟妈妈的话：只有敢于闯一闯，才能看到丰富多彩的世界，从而突破了本课教学的难点。

（三）生字教学——书写生字"柔、软"

师：观察这两个字结构特点？（引导学生先从整体观察字形）

生："柔"是上下结构，"软"是左右结构。

师：分别说说每个字中的关键笔画。

生："柔"字中压竖中线的"点"、"弯钩"、"竖"是关键笔。"软"车字旁的"撇折"中"折"笔压横中线，右边的"欠"字两个"撇"要穿插到左半格。

师：我来范写生字，大家伸出小手和老师一起书空。

生：（学生描红、写生字）。

师：反馈指导。

师：这节课我们不但学习了这两个生字，还知道了小企鹅和妈妈之间的故事，下面我们一起背诵妈妈告诉小企鹅的话，结束我们这节课。

生：（学生一起背诵企鹅妈妈说的话）

【效果分析】利用白板的标画功能，引导学生主动观察、回答，进行随时的标画关键笔画，使书写指导有的放矢，同时利用实物投影反馈学生的生字书写，更使指导落在实处。

六、课后反思

友善用脑的核心教学理念是：所有的学生都是天生的学习者，因此，教学中，教师要充分调动学生的自主学习潜能。为了调动学生自主学习，在本节课中我主要注意了以下两点：

（一）采用多种方法，调动学生主动学习

1. 课前复习词语环节，我采用了多种方法，既有男女生比赛读，还有利用白板的聚光灯功能抢读，在此基础上利用标画功能让学生到白板前进行词语搭配。利用多媒体手段，给学生创设了学习的平台，调动了学生的学习兴趣。

2. 学生对企鹅的生活环境和小企鹅住在哪儿很陌生，对"褶皮"的理解几乎是一无所知。我及时利用多媒体辅助教学，借助企鹅妈妈的图片，用白板笔标画，一下子就让学生明白了"褶皮"的位置，再顺势引出褶皮的特点"柔软"，引导学生随语境学习生字，让学生用自己熟悉的方法来记忆字形，发挥了学生的个体优势，提高了记忆的效果。此外，我还使用多感官的教学方法，利用围巾让学生摸一摸，用脸贴一贴，直观感受"柔软"的特点，继而增强对小企鹅的了解，同时为后面的生字书写进行了铺垫。

3. 生字的书写指导是低年级教学的重点，也是本课的教学重点之一。在教学本课生字时，我引导学生先从整体观察字形,再到观察局部重点笔画。让学生主动观察、发现关键笔画后，老师再利用白板的标画功能，及时圈画关键笔，起到了很好的指导作用，发挥了学生的主动性。

（二）创设情境 角色扮演 把学习的舞台还给学生

本课的教学重点是：能有感情地朗读课文，读好小企鹅和妈妈的对话，体会小企鹅高兴、惊奇的心情。教学中，我紧紧抓住文本，精心设计教学环节，分层训练，引导学生逐步读得入情入境。

在学生自学批画小企鹅和妈妈的对话后，我利用实物投影出示学生批画的语句，并和学生初步分角色朗读，为其他同学进行校对。随后，让学生读一读这三次对话，想一想：哪个词语表现了小企鹅说话时的心情？引导学生抓提示语中的"惊奇"。接着引导学生继续思考：想一想：除去提示语中表现了小企鹅的惊奇，还从什么地方感受到小企鹅的惊奇？学生很快就看出了句子中的"！"，这时，我在顺势进行朗读指导：请你带着惊奇的感受读读小企鹅的话。在学生自己朗读感悟后，我再引导学生想象小企鹅说话时的动作进行表演读，学生读的兴趣越来越高。然后，我顺势借助多媒体创设情境：先是小企鹅在妈妈褶皮下看到的是一片漆黑的情境，然后，它从妈妈肚子下钻出来看到了蔚蓝的天空、银色的雪地，把这两种情景进行对比，给学生造成视觉冲击，加强学生情感体验。在此基础上采用男女生分角色读、师生分角色读和小组表演读等方式，让学生成为课堂的主体，把学习的舞台还给学生，使他们成为主角，成为学习的中心，使学生的有感情朗读达到了高潮。

　　总之，这节课上，我的教学方式努力由"指导型"向"主导型"转变，将教学音乐、小组合作、多感官教学等教学方法引入课堂，为学生创造轻松的学习氛围，促进了教师、学生与文本间的互动，调动了学生学习的积极性，课堂教学收到了良好的效果。

（北京市义务教育课程改革试验教材二年级语文）

花样跳绳："一带一"单摇

张 杰

一、课标要求

根据体育《新课程标准》的基本理念，本课在教学中坚持"以人为本，健康第一"的指导思想。以学生发展为中心，关注学生的个体差异，采用合作的学习方式，培养学生团结协作、勇于挑战的品质；并采用递进式教学使学生由易到难，在愉快的氛围中学习，体验获得成功的喜悦感，从而掌握"一带一"单摇的入绳的动作方法。

二、学习目标

显性目标：学会摇绳、入绳的方法。

隐性目标：培养学生兴趣，练习中充分展示自我，学习在活动中如何与他人合作，并懂得与他人合作的重要性。

三、学习重难点

重点：学会摇绳、入绳的方法。

难点：摇绳节奏和跳绳的配合。

四、学生分析

本节课授课对象为五年级学生，五年级学生接触过跳绳，教材中的跳绳部分掌握较好，具备一定学习基础，学习兴趣应会较浓。

此阶段学生随着运动感觉和思维方式的发展开始追求优良的体育成绩和拼搏的精神，能够在课上认真学习，在教学过程中，通过同伴间的帮助，树立学生的自信心，让每一名学生都能体验到完成动作的成功感，提高学习的兴趣。

五、学习过程（课堂实录）

在教学过程中，始终贯彻学生为主体的思想，课的热身部分，采用学生自己收集的各部位关节操进行教学，更有利于调动学生的积极性，在诱导练习中将歌曲的节奏作为一种辅助教具和手段来提高学生对音乐的节奏感，从而潜移默化地提高学生跳绳的节奏感和稳定性，从而在使学生在宽松愉悦的学习过程中来完成接下来的学习任务。在学习过程中，采用"启发式"教学，让学生自己动脑学习花样跳绳，并亲自去尝试，教师及时总结请同学表演，给学生展示自我的机会，这样，就集中了学生的智慧，有利于掌握更多的方法，把跳绳这一锻炼身体项目，通过这样的学习，更提高自己的技术性。使学生认为跳绳中有内容可学，更积极地去探索，在这一学习过程中，达到全面锻炼身体的目的，而教师只是引导，师生共同探讨，增进了师生感情，从而，更明确了学生的主体地位，通过游戏进一步培养学生间的协作能力。

1. 情境准备

今天非常高兴能和大家一起上一节体育课。希望大家在这节体育课中玩得开心快乐。

2. 准备活动

师：谁知道跳绳需要活动哪些关节？

生：纷纷举手，由学生带领大家进行跳绳前的活动。（积极踊跃）

3. 诱导练习

（1）跳绳比快

师：以右翼排头为基准，成体操队形散开，注意向后左右的位置要大，以防在跳绳的过程中碰到别人，注意安全。

生：迅速成体操队形散开。（快、静、齐）

师：张老师不知道我班跳绳谁最厉害，能不能用你们的实际行动告诉张老师。

生：能

师：30秒跳绳，预备，开始。

（2）个人自由练习

师：今天张老师带来了3种不同节奏的音乐，想看看我们班谁能跟上节奏来跳，音乐节奏有快，有慢还有中速的，大家准备好了吗？

学生：认真体会摇绳动作，注意连贯以及节奏感。

教师：你们真厉害，基本上都能跟着跳下来，跟着音乐跳绳不仅可以提高情趣，还可以提高你们的节奏感和跳绳的稳定性。希望你们在家练习的时候也能使用这个方法。

寓教于乐

1. 学习双人花样跳绳

（1）双人一绳跳的入绳

师：刚才的跳绳是你们自己独立完成的，今天老师带来了一种有两个人合作完成的跳绳动作。大家想知道是哪种吗？出示图示，让同学观察。

生：根据动作示意图进行模仿练习，俩人一组随意站位练习。

教师：嗯，瞧！我们班的同学多聪明，自己就可以学习新动作了，可是还要注意手脚的协调配合，因为是两个人的合作，所以两个人必须要配合好，看同学们练习的那么高兴，我也想跳一跳了，如果跳得好同学们要给我一点鼓励啊，好不好？来！谁愿意和老师一起合作一次？

生：俩人一组，相互配和，相互学习，认真体会摇绳的动作，注意连贯，有节奏感。

师：大家练得真起劲，谁愿意为大家表演一下？

（2）根据个人爱好，用短绳编创俩人组合的跳绳方法

教师：嗯！真不错，下面啊，老师给大家出点难题，看看我们同学能不能做出来，刚才老师教了俩人合作的跳绳，你们能不能根据自己的爱好，用短绳也能编创出俩人组合跳绳的动作？

生：相互探讨，交流学习经验，开始做练习。

师：受到学生的邀请，也参与到活动中去。

师：组织学生进行编创的小比赛

生：自由分组，相互配合，发挥想象，展示成果，相互学习。

（学生自己尝试练习，自己组织学习动作，能发挥他们的主动创造性和想象力，与学生一起玩，跟学生融为一体，同学之间的互相合作体现学生的合作精神）

（三）游戏：大渔网

师：刚才大家跳绳跳得都累了，我们玩个游戏来放松一下，游戏的名字叫大渔网，也是一种合作完成的游戏，首先分出"渔网"和"小鱼"，"渔网"去捕捉"小鱼"，"小鱼"要在老师挖的"池子"中躲闪，不要不小心跑到"岸上"，好了大家动起来吧，闪躲的时候要注意安全哦。

生：参与游戏中去

（学生之间的配合可以增进学生的团结合作精神，针对比赛结果，可以培养学生的怨怼认同感）

（四）恢复调节

1. 放松舞

师：一堂课很快就要过去了，下面请同学们一起和老师做放松小舞蹈，看谁的舞姿优美。

（五）小结：

师：同学们在这堂课中表现得都非常出色，每个人都把最好的一面展现给了大家，希望在今后的学习中同学们能够再接再厉，同学们再见！

六、课后反思

本课坚持以"健康第一"为指导思想，根据学生的已有水平确定本次课的重难点，根据学情实际设计教学过程，使学生在宽松愉快的学习过程中解决学习中遇到的问题。在刚进入主教材学习时以复习跳绳为切入点，发现同学中普遍存在的问题和不足，经过教师的积极引导，学生的自我实践，相互间的合作探究最终解决问题。

以往的体育教学中往往是"为了音乐而音乐"，也就是为了某种形式或是某种氛围而加入音乐，而在本节课中，真正将歌曲的节奏作为一种辅助教具和手段来提高学生对音乐的节奏感，从而潜移默化地提高学

生跳绳的稳定性和节奏感，使学生在宽松愉悦的过程中来完成教学目标。首先，是学生跳绳水平的差异，在教学过程中教师并不强调一定要跟上老师或音乐的节拍，而是根据自己的实际情况选择适合自己的节拍，水平较差的同学可以一拍跳两下，中等的同学可以跟上节拍，水平较高的同学也不强求他去适应规定的节拍，可以选择适合自己的节拍或一拍跳两下甚至三下，其次，在教学过程中从激发学生情趣出发提供自主学习空间，创设合作机制，运用科学合理的教学方法和学法指导，引导学生主动参与，创新，让学生在和谐的气氛中，玩中学，学中探，探中创，在提高学生技能增强体能的同时，培养学生团结合作和集体主义精神。

在学生练习遇到问题和困难时，教师并不是直接告诉他们答案，也不是生硬地说："同学们注意了，我来示范一下"，而是巧妙地说："同学们学习的这么高兴，我也想跳一跳了，如果跳得好，同学们给我一点鼓励好不好？"在不知不觉中教师帮助学生解决了练习中遇到的问题，又教给了学生正确的技术动作，使整个教学流程合理自然，一气呵成。让学生在体验到体育动作的形体美，力度美，娴熟美和健康美的同时，获得一种满意的心理感受，使学生油然产生一种跃跃欲试的心理，从而提高学生学习的积极性。

新课程倡导自主，合作探究的学习方式，作为新课程倡导的三大学习方式之一，小组合作学习在形式上成为有别于传统教学的一个最明显的标志，它有力地挑战了教师"一言堂"的专制，同时也首次在课堂上给学生自主，合作机会，是培养学生自主探究，团结合作，勇于创新的重要途径。

通过这次课，我对改变学习方式的认识不断加深，对新课标下的体育课堂教学也有了进一步的认识，新课程下学习方式面向每一个学生的个性发展，尊重每一个学生发展的特殊需要，其目标具有开放性，新课程下学习方式面向整个学生的生活世界，其内容具有开放性，特别重要的是，新课程下学习方式，关注学生在活动过程中所产生的丰富多彩的学习体验和个性化的创造性表现，其评价具有多元性，因而其活动过程具有开放性。

　　以上是我由这堂体育课引发的思考和体会，相信随着对课程改革的认识不断深入，自己对体育教学改革的认识还会不断加深。

　　　　　　　　　　（北京市义务教育课程试验教材五年级体育）

静夜思

郑少宇

一、课标要求

依据《语文课程标准（2011 年版）》中低年级阅读方面的要求，"诵读儿童诗和浅近的古诗，展开想象，获得初步的情感体验，感受语言的优美"。在古诗《静夜思》的教学中，为了让学生获得更好的情感体验，感受"诗文语言"优美、博义的同时还能体会到中华文化的博大精深，最大限度地激发学生学习古诗的兴趣，我特别引入了"平长仄短"读古诗的方法，并结合现代化教学手段，通过音乐资料，创设情境，展开想象，前后对比等方式，为学生提供了一次走进"诗人"内心的"穿越"之旅。

二、学习目标

1. 学会"故、乡"两个生字，能够理解诗句的意思，并背诵古诗。

2. 学习平长仄短读古诗的方法，体会与普通读法的不同。

3. 通过不同读法体会、想象诗句中所描绘的画面，感受语言文字的优美，激发学生学习古诗文的兴趣。

三、学习重点、难点

学习重点：通过不同读法体会、想象诗句中所描绘的画面，感受语言文字优美，激发学生学习古诗文的兴趣。

学习难点：引出"平、仄"，学习平长仄短读古诗的方法，体会与普通读法的不同。

四、学情分析

一年级的学生思维活跃、情感丰富，通过半个多学期的学习，学生已经有了一定的识字、写字能力和阅读能力。对《静夜思》这首家喻户晓的古诗，他们在学龄前就有所接触，可是字音咬不准。他们对月亮很感兴趣，却不知道对月思人的情怀。因此，对一年级的学生来说理解诗句所表达的情感仍是难点。

基于以上思考，我设计引入了"平仄读诗"的环节，并结合介绍李白颠沛流离的一生，通过不同诗句的对比，体会诗人面对明月独坐，思念故乡的心情。

五、学习过程（课堂实录）

（一）情境创设，巧解诗题

1. 问题导入现诗题。

师：同学们，你能用一个字来形容我们现在的教室吗？

生：静。

师：那一天当中什么时候最静呢？

生：夜。

师：只有在这样一个安静的环境中，我们才能够……

生：思。

（教师随答板书）

2. 组词释义解诗题。

师：谁能用"思"组词？

生：思考、思念……

师：这里的"思"应理解为？

生：思念。

师：让我们一起来解一解这题目吧，在这样一个静静的夜晚，诗人的思念。

3. 齐读课题。

【效果分析】结合生活情境，逐字呈现，组词解题，让学生明白诗人要表达的是在"这样一个静静的夜晚诗人的思念之情"。

（二）诵读古诗，体悟诗情

1. 初读古诗。

师：在这样一个静静的夜晚，是谁在思念呢？他又在思念些什么呢？请同学们自己读读这首诗，注意读准字音。

（自由读、指名读）

2. 了解诗人。

（1）反馈交流。

师：看来同学们读得都很好了，你以前知道这首诗吗？

师：你知道是谁在思念吗？

生：李白。

师：你了解李白吗？能不能介绍下你了解的李白？

（2）资料展示。（ppt）

> 李白，字太白，号青莲居士，唐朝诗人，现存诗作近千首，代表作有《静夜思》《蜀道难》等。人称"诗仙"。

【效果分析】课前安排学生去查找关于李白的生平介绍，课上让学生展示交流自己的独立学习成果，再加上老师的补充材料，使学生更深入地了解李白的生平、经历，又培养了学生独立探究、扩大积累的意识。

3. 随文识字。

（1）理解"故乡"。

师：同学们，李白究竟在思念什么呢？

生：故乡。

师：结合诗句理解：你是从哪儿看出来的？

生：低头思故乡。

师：结合生活实际理解：什么是故乡？你的故乡是哪里？

师：小结提升：故乡是出生或长期居住的地方。俗称"老家或家乡"。

（2）学写"故乡"。

师：不论是北京的同学，还是其他地方的同学，我们都同样喜欢、热爱自己的故乡，相信同学们也一定能把这两个字写好，对吗？

师：谁能给"故"组词。

（教师结合学生发言引导、帮助学生理解生字含义）

故事：大家都爱听故事，讲故事。

故人：就是老朋友。

故居：曾经居住过的房子。

师："乡"，（把"乡"最后一笔"提"换成"撇"）多像弯弯曲曲回家的小路呀！

指导书写。学生观察，教师范写。

学生描红、书写。

展示、评价，改正后再写一个。

【效果分析】字不离文，"故乡"二字首先出现在"诗句"这样的语境里，其次出现在学生的生活实际里，学生自然而然地理解了它的含义。用组词的方法理解字义，用换一换、想象的方法形象记忆字形，充分调动了学生学习生字的兴趣，使两个字深深地印在学生脑海里。

4. 理解诗意。

（1）寻找诗中意项。

师：同学们，诗人看到了什么样的景物，让他想到了故乡呢？

生：月亮、月光……

（2）想象画面。

师：让我们一起来想象这样一幅画面，在一个静静的夜晚，李白辗转难眠，他坐起身子，看到明亮的月光洒在床前，好像地上泛起了一层薄薄的寒霜。李白不禁抬头，看着那夜空中的一轮明月，思念起了自己的故乡。

（3）带着你的想象，让我们再来读一读这首诗。

【效果分析】通过教师的语言描绘，让学生想象画面，感受李白此时的思乡之情。

5. 平仄读诗。

（1）师：通过刚才的朗读你体会出李白的思乡之情了吗？

生1：体会出了。生2：没有。

（2）师：有的同学有体会，有的同学没有，那让我们换一种方法去朗读，你可能会有不一样的体会。既然是古时候的诗，我们还是要用古时候的方法去读。

①讲"平仄"。

提问：我们现在的汉语拼音有哪些声调？

生：一声、二声、三声、四声、轻声。

师：古时候的汉字也有自己的声调——"平声、仄声"。现在的一、二声就相当于古时候的平声，现在的三声、四声、轻声就相当于古时候的仄声。为了方便，我们用一条横线来表示平声，用一条竖线来表示仄声。

②标"平仄"。

下面请同学们把书上这首诗的平仄标出来。

（3）读古诗。

师：标好之后让我们试着读一读，注意平声要读得长一些，仄声要读得短一些。

（教师领读、自由练习、指名读、集体读）

【效果分析】教会学生用平长仄短的方法读古诗，使学生感受古诗的节奏、韵律。

6. 体悟诗情。

师：思故乡啊！思故乡！李白的故乡到底在哪儿？（播放音乐）

（1）介绍李白的生平。

出示：唐朝版图。

师：李白出生在碎叶城，在这里他生活了5年，5岁的小李白跟随着家人可谓是不远万里来到了四川省江油县青莲乡。李白可是个爱故乡的人，他长大以后把自己的号都起作"青莲居士"，李白在这里整整生活了20年，25岁的李白为了实现心中远大的理想，他仗着一口宝剑开始游历整个大唐王朝，可唯独没有回过自己的故乡四川省江油县青莲乡，更别提远在万里之遥的碎叶城了，所以，每当在这样一个静静的夜晚，李白思念故乡时，总是会吟诵这样一首诗……

【效果分析】音乐渲染，语言描述，让学生"穿越"时空，感受李白那颠沛流离的一生。从而读出古诗的韵味，体会古诗的意境。

（2）联想思念的对象。

师：思故乡啊！思故乡！李白究竟会思念故乡的什么呢？

生：家人、房子、小伙伴……

（3）对比体会李白小时见月的心情。（呼作白玉盘）

师：或许在李白儿时，也是在这样一个静静的夜晚，小李白也和家人看着天上的月亮。

出示：

> 小时不识月，呼作白玉盘。
>
> 又疑瑶台镜，飞在青云端。
>
> ——李白《古朗月行》

师：那时候李白是什么心情？

生：高兴、开心、愉快……

【效果分析】了解李白小时候看见月亮时那开心高兴的心情，对比现在思念故乡时那一份悲伤、孤寂的心情，体会李白心情的复杂变化。

（4）圈出表示李白心情变化的字，体会其含义及作用。

师：现在的李白还是像小时候那么开心吗？

生：不是，而是伤心、难过、悲伤……

师：让我们来看看这二十个字吧，是什么让李白的心情变得伤心难过的啊？生：月光。

师：而现在在李白的眼中这月光就是"霜"。什么是"霜"？

生：冷冷的小冰碴儿。

师：这霜给你什么感觉？

生：很冷的感觉。

师：阳光是暖的而月光却是冷的。这就是古人的智慧，当他要表达自己难过、伤心时，他不是直说而是说"月光如霜"。

师：又是什么安慰了李白那颗受伤、孤寂的心呢！

生：明月，因为他举头望明月的时候就想起了自己的"故乡"。

师：他还能回到故乡吗？

生：不能。

但他可以见到小时候的……

生：月亮。

所以说"故乡"就是"月亮"，"月亮"就是"故乡"啊！

师：谁最喜欢月亮？（李白）是的，在李白留下的上千首诗作中有三分之一都是在写月亮的。

【效果分析】引导学生找出文中关键字词，逐步加深理解，点题升华。

（三）总结积累，引诵抒情

师：同学们，一轮明月勾起了李白对故乡深深地思念，同时也是这轮明月安慰了他那颗受伤、孤寂的心，因此这首《静夜思》被称为中国第一思乡诗。让我们把这首中华民族特有的诗，深深地印在心里。

师：一起再来读一读这样的诗句——"床前明月光，疑是地上霜。……"

师：同学们，无论何时何地，无论你以后身处何方，每当你思念故乡时，你一定会举头——望明月，当你望见明月时，你一定会低头——思故乡，或许你还会轻轻吟诵这样的诗句——"床前明月光，疑是地上霜。……"

【效果分析】创设情境，在情境中反复吟诵古诗，加深记忆，在语境中进一步理解运用。

六、课后反思

《静夜思》是学生非常熟悉的一首古诗，有的孩子五岁会背，有的三岁，有的甚至更早。这首诗语言凝练，浅显易懂，因此被编写到了一年级的课本里，但《静夜思》能被称为中国第一思乡诗，可见它的内容、含义并不简单，在短短二十字的诗句中李白的心情经历了悲伤到温暖的过程，有冷有暖，有悲有慰（安慰），所以要想让低年级的孩子们充分体会诗人的情感，其实并不简单，因此我设计引入了"平长仄短"读古诗的方法，通过不同方法的朗读体会，结合音乐渲染，语言烘托，让学生"穿越时空"，感受李白那颠沛流离的一生，体会李白心中对故乡的那份比他人都更深的独有的感情，并通过对比小时候李白看见月亮的心情，让孩子们去体会、去朗读，去体悟李白见月时那份复杂纠结的心情。对于本次教学设计中的问题，可以说是层层递进、环环相扣的。因此对于整节课堂节奏的把握尤为重要，作为教师要做到教学设计熟烂于心。

　　然而教学总是遗憾的艺术。对于文中"什么是故乡"的理解，我先告诉学生"故"有"老的、旧的"意思，然后让学生说说自己的故乡在哪？这个环节如果引导学生想象说话："故"有"老的、旧的"的意思，那门前的老树，村口的古井，玩过的布娃娃，转过的水车，就是故乡。"就使得"故乡"在学生头脑中变成了画面，更生动形象，更好理解了。

（北京市义务教育课程改革试验教材一年级语文）

第三部分

友善用脑之活动评价

金话筒配音语文综合实践活动

吴春艳

一、课标要求

《语文课程标准中》关于课程性质的定位中明确提出："语文课程是一门学习语言文字运用的综合性、实践性课程。"语文教学应基于课程标准，从小学生的认知规律出发开展语文教学活动，促进学生语言表达能力的提升。而小学生的语言表达从表象到思维大都是表层的，要想真正提高其语言表达能力，就需要为学生的表达提供契机，搭建平台。友善用脑理念倡导活动教学，团队合作。"金话筒配音"语文学科实践活动就是通过给影片配音和在这一过程中搜集资料、合作交流、练习表达等活动形式全面提升学生语文素养。

二、学习目标

1. 学会根据影片内容，尝试用恰当的语音、语调为影片配音。

2. 学习通过想象不同人物的特点来表述人物语言，提高语言的表现力。

3. 感受配音活动的乐趣。

教学重点：学会根据影片内容，尝试用恰当的语音、语调为影片配音。

教学难点：通过想象不同人物特点、大胆表述人物语言，提高语言的表现力。

三、学习重点、难点

学习重点：学会根据影片内容，尝试用恰当的语音、语调为影片配音。

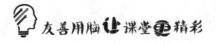

学习难点：学习通过想象不同人物的特点来表述人物语言，提高语言的表现力。

四、学情分析

五年级学生已经初步具备了基本的表达能力和搜集处理信息的相关经验。配音活动，可以说是迎合了多数同学的兴趣，学生乐于参与，大胆创新。

但是，小学生说话从表象到思维大都是表层的，他们的语言表达需要一个能感知的情境，才能激活思维，发挥想象力和创造力，使学生的说话成为一种心灵上的自由的释放。五年级学生虽然具备相应的表达能力，但是就不同题材或体裁的内容，在表达上还欠缺更深入的理解和体会。而且培养表达能力也需因人而异，活动中应注意尊重学生，为学生提供不同题材的配音素材，可供其选择。另外，让学生参与到搜集资料、策划和评委的工作中去，为学生的语文学习和语言表达提供更多的机会。

五、学习过程（课堂实录）

（一）情境创设

师：同学们，金色的童年，我们枕着童话入眠，伴着动画片成长。你们看——　（课件播放《红孩儿》片段）。

师：可是，再精彩的动画片没了声音，你有什么感受？

生：会很枯燥，很乏味。

师：今天，就让我们走进神秘的配音王国，争当小小配音员。（揭题）

【效果分析】《红孩儿》是《西游记》中的一个片段。影片本身贴近学生，红孩儿的高傲自大，学生易于通过人物的表情及语言来感受。对于初次接触配音的学生而言比较简单，容易理解和表现。同时，从有声到无声的过渡，让学生充分感受到了语言的魅力，调动了学生参与活动的积极性。

（二）明确标准，尝试配音

师：通过前期的活动，同学们对配音有了更多的了解。评委组的同学也制定出了本次配音活动的评价标准。请评委组的代表阐述本次配音的评价标准。

生：同学们，通过和配音老师协商，还有多方查找资料，再结合我们非专业的实际情况，最终确定了本次配音的评价标准。接下来同学们可以从声音表现、角色表现、团队合作以及创新能力几方面来评价同学们的配音。最终我们要评选出本次活动的最佳男配音，最佳女配音、最佳好声音、真情投入奖、优秀舞台表现奖、最具勇气奖、最佳合作团队、最佳创意团队。

【效果分析】学生通过前期的查找资料，练习配音，共同商讨配音的评价标准对配音有了更多的了解。在此基础之上通过学生商讨制定出来的评价标准更适合学生本身，同时也更适合本班的实际情况。充分地尊重了学生的主体性。另外，团队合作制定评价标准时，有的同学查找资料，有的同学去请教配音老师，有的同学征求同学们的意见，这一过程才是真正的探究的过程，学习的过程。

师：接下来请同学们根据评价标准尝试给影片《红孩儿》配音，并阐述你这样配的理由。

生：同学们大家好，我今天配的是《红孩儿》。红孩儿在这部影片中比较骄傲自大，在与孙悟空的对话中由于遭到孙悟空的嘲笑而十分气愤。所以，我在配音的时候努力把他骄傲和气愤的心理表现出来。（生开始配音展示）

师：有谁愿意评价一下这位同学的表演吗？

生1：这位同学融入了角色，并且体现了人物气愤的心理。

生2：这位同学表现出了红孩儿的骄傲。

【效果分析】配音的同学从角色表现力这个角度阐述自己在配音时的想法以及体会，有助于学生通过揣摩人物角色，理解语言文字，提高语言表现力。

（三）汇报表演

1. 自由练习。

师：同学们听了大家的配音，一定也想亲自试一试了。接下来请同学们自由选择影片开始练习。

2. 自由展示。

生 1：大家好，我配的是《丛林对话》。

师：谁愿意评价一下这位同学的表现？

生 2：她声音非常洪亮。

生 3：通过她的配音让我感觉这是一个非常啰唆的小和尚。

生 4：大家好，我配的是《颐和园解说词》。解说词是一种口头文学，在配音的时候主要以平述的方式为主。遇到烘托意境和渲染气氛时，需要饱满的情感。（生展示配音）

生 5：他的配音让我对颐和园有了更多的了解，而且在湖面开阔这一画面中，他的声音也给人一种豁然开朗的感觉。

师：稍事休息，现在插播两段广告。

生 1：《农夫山泉》广告词。

生 2：《步步高点读机》广告词。

师：给广告配音我们应该注意什么呢？

生 3：应该要把要推荐的产品说清楚，不能让别人买错。

【效果分析】同学们自由选择自己喜欢的影片进行练习，给了学生充分的自由选择的空间，极大地调动了学生参与活动的积极性，课堂气氛活跃。在展示中，学生积极参与，无论是表演的同学，还是评价的同学都能结合制定的评价标准来完成表演和做出评价。另外，学生能够根据不同的题材和体裁选择恰当的表达方式。

3. 小组合作练习展示。

师：同学们的个人表演非常精彩，接下来给大家提高一定的难度了，要求同学们合作给一部影片配音。接下来请同学们自主选择，小组内确定一部影片，分配角色开始练习。

（1）《渔童》

（2）《狐狸与乌鸦》

（3）《白雪公主》

（4）《小蝌蚪找妈妈》

（5）《永生的雪人》

练习《渔童》组：

师："没想到这个鱼盆是个宝贝。"这句话中"宝贝"这个词你为什么重读，但是音调又不高呢？

生：因为这样能突出老大爷对鱼盆的珍视和保护。

师："日子也慢慢地好起来喽"这个句子中"好"字为什么拖这么长的声音来读呢？

生：这样更能表现老大爷得到鱼盆之后兴奋的心情以及对生活充满的期待。

【效果分析】学生根据本组同学的人数选择合适的影片来配音。并且根据角色的性别和学生本身的声音特点来分配角色。有的小组人数比较多，他们会创造性地发觉影片中的发声点巧妙地给影片加入适当的声音。另外，同学们在揣摩人物的基础之上通过对文字的理解巧妙选择恰当的表达方式。

4、团队表演。

生（第一组）：表演《渔童》

师：大家根据表演情况进行团队合作评价和配音技巧的评价。

生1：他们有很好的合作精神，表现在他们配合非常默契。

生2：每个人都很投入。

生（第二组）：表演《永生的雪人》

生1：他们这一组声音都很洪亮，而且每一个人都能投入到自己的角色中去。他们的团队合作也很默契，而且他们还富有创新能力，体现在影片中没有的语言，他们能根据画面进行再创作。

生（第三组）：表演《我是天使》

生1：她们这一组声音非常洪亮，而且这部影片中的两个角色都非常可爱，她们在配音时为了表现人物的可爱，选择改变音调。而且，为

了把人物表现得更加淋漓尽致，她们在配音时还加入了一些自己的动作，让我们感觉影片中的角色很可爱。

【效果分析】小组自由选择喜欢的影片进行合作配音，不仅培养了学生的团队合作能力，同时通过给没有字幕的影片配音，也培养了学生运用语言的能力以及创新能力。

（四）颁奖

师：议一议这些奖项该给谁？评选最佳男配音，最佳女配音、最佳好声音、真情投入奖、优秀舞台表现奖、最具勇气奖、最佳合作团队、最佳创意团队。

生1：我认为最佳女配音应该属于戴巧蕊，因为她音色本身非常好，并且能够通过揣摩人物角色给人物配音，恰到好处。

生2：我认为优秀评论家应该是王月萌，因为她能根据评价标准来评价每一位同学的表现。

生3：我认为最佳合作团队应该属于《渔童》组，应为他们组人比较多，但是角色只有三个，他们能够公平分配角色，让每一位同学都有参与的机会。

生4：我认为最佳好声音应该颁发给张宇鑫，因为她反串了男生的声音，而且声音很好听。

【效果分析】通过议一议的环节，再次让学生通过评价别人而将配音的评价标准内化为自己所学，同时也教会了学生用欣赏的眼光看别人。

（五）总结

师：同学们，通过本次《金话筒》配音语文综合实践活动的开展，我们了解了配音的知识，学习了配音的方法。锻炼了我们的口语表达，增强了语言表现力，培养了学习语言的兴趣。希望我们玩转语言，在语言的世界里畅想、遨游。

六、课后反思

（一）基于学生的发展制定实践主题

本次语文学科实践活动的开展是基于学生语文素养的发展，将语文学科的朗诵教学融于配音活动当中去，用符合学生需要，契合学生特点，彰显学生个性的配音活动来促进学生语文核心素养的形成。本次《金话筒》语文实践活动充分体现了语文课程的开放性——由课内走向课外。用学生喜欢的配音活动来让学生感悟语言的魅力，锻炼学生的语言表达能力，体现了课内得法，课外实践获益的学习过程。

（二）采用多样化的学习方式

将学生置身于团队当中可以减少学生因个人学习差异而产生的学习压力。为此，本次活动采取团队合作学习，充分调动了学生参与活动的积极性。全班学生分为资料组、评委组、表演创作组和大众评委，学生可以根据自己的意愿自由地选择小组。活动中，资料组负责查找有关配音的相关知识与大家进行分享；评委组结合配音的知识，走访配音专家，再结合班级学生非专业的水平和同学们商议制定配音的评价标准。经学生商讨制定出来的评价标准更适合学生本身，同时也更适合本班的实际情况，充分地尊重了学生的主体性。表演创作组的同学练习给不同题材和体裁的影片配音，并且进行再创作。活动中同学们可以自由选择自己喜欢的影片进行练习，给了学生自由选择的空间，极大地调动了学生参与活动的积极性。在课堂汇报展示之后，大众评委结合评价标准对同学们的表现给予相应的评价，使学生将配音的评价标准内化为自己所学，进而培养学生的朗诵和表达能力。

总之，本次《金话筒》语文实践活动力求通过给影片配音这样的活动形式使学生的语言动起来，文字活起来，给学生的语言表达搭建一个输出的平台。在对影视作品的理解、表达与表现的过程中感悟语言的魅力，提升语言表达能力。

（北京市义务教育课程改革试验教材六年级语文）

太 阳

李 晴

一、课标要求

2011 版《语文课程标准》指出语文课程是一门学习语言文字运用的综合性、实践性课程。学生是语文学习的主体。因此，在教学中要充分发挥学生在学习中的主体地位，注重激发学生的学习兴趣，注意培养学生自主学习的意识和习惯，引导学生掌握语文学习的方法，为学生创设有利于自主、合作、探究的学习环境。在教学过程中,不仅要重视学生知识的积累情况，更要着眼于全面提高学生的语文素养,增强语文实践能力，培养创新精神，促使学生全面发展。

二、学习目标

1. 学会正确、流利地朗读课文。

2. 理解课文内容，了解太阳的特点，初步认识太阳与人类的密切关系。

3. 体会课文怎样运用举例子和列数字等方法来说明太阳特点的。

4. 产生对自然科学的兴趣。

三、学习重点、难点

学习重点：了解太阳的特点，初步认识太阳与人类的密切关系。

学习难点：体会课文怎样运用举例子和列数字等方法来说明太阳特点的。

四、学情分析

三年级的学生在课堂上的思维很活跃，理解能力和自读自悟方面的学习能力较强，而且大部分学生喜欢阅读课外书籍，常常会在课堂上结合自己的课外知识来理解课文内容，谈自己的认识。因此怎样把新课程中的教学理念运用到课堂上，发挥学生的主动性，将自主、合作、探究的学习方式有效地融合在一起，是能否让学生学好这篇课文，有的放矢地培养学生的学习能力是关键。

五、学习过程

（一）回顾课文，整体感知内容

师：同学们，这节课我们继续学习 21 课，齐读课题。

生：21.太阳。（学生精神状态饱满，声音洪亮）

师：通过上节课的学习，我们知道了课文主要讲了什么，你还记得吗？

生：太阳的特点，太阳与我们的关系。

师：太阳的特点有哪些？

生：远、大、热。（教师随答板书）

（二）感受特点，体会说明方法

师：请同学们默读课文第 1—3 自然段，你从哪感受到太阳"远、大、热"的特点？用"＿＿"把相关语句画下来。（学生开始自学，教师巡视）

师：画完的同学轻声读读你画的句子，想想你是怎么体会到这些特点的。（学生读句子并思考）

【效果分析】课前充分的预习与探究，使得学生带着有准备的头脑走进课堂，勾画与思考的同时，使得理解得到加深与丰富，学生自主的汇报充分体现了学生的主体作用。

师：我们来交流一下，你是从哪儿感受到太阳"远"这个特点的？

生：太阳离我们有 1.5 亿公里远。通过 1.5 亿公里远我知道了太阳离我们很远。

师：你是从 1.5 亿公里这个数字感受到太阳远的。你来体会着这种"远"读吧。

生：太阳离我们有 1.5 亿公里远。（学生读时强调了 1.5 亿公里远）

师：那 1.5 亿公里到底有多远呢？课文具体怎么说的？

生：到太阳上去，如果步行，日夜不停地走，差不多要走 3500 年；就是坐飞机，也要飞二十几年。

师："日夜不停地走"是什么意思？

生：不吃、不喝、不休息一直走。

师：就这样一直不吃、不喝、不休息要走多久？

生：3500 年。

师：是呀！太阳离我们可真远呀！那文中为什么说坐飞机，而不说轮船或者火车？

生：因为飞机是现在最快的交通工具。

师：乘坐最快的交通工具要多长时间才能到太阳上呢？

生：二十几年。

师：文中通过具体的数字清楚地告诉了我们太阳离我们有多远，这种用数字说明的方法就叫做"列数字"。带着你的新认识再读读这句话吧！（一起读句子）

师：你还从这段哪句话看出太阳远了？

生：这么远，箭哪能射得到呢？

师：这句话是什么意思呢？你能把它换个说法吗？

生：这么远，箭射不到。

师：文中怎么没用你说的呢？

生：这样说语气更强烈。

师：请你把这种强烈的语气读出来吧！

师：你读出了反问的语气，听了你的朗读，我觉得太阳太远了。难怪课文这么写"有这么一个传说…"看来"古时候天上有 10 个太阳，射掉 9 个。"仅仅是一个传说呀！

（师生对读）

师：太阳离我们有多远？

生：太阳离我们有 1.5 亿公里远。

师：太阳离我们有多远？

生：到太阳上去，如果步行，日夜不停地走，差不多要走 3500 年；就是坐飞机，也要飞二十几年。

师：这么远，箭哪能射得到呢？

生：这么远，箭射不到。

师：这一自然段作者通过一系列的数字告诉我们太阳很远。课文是怎样写出太阳"大得很"的呢？

生：130 万个地球才能抵得上一个太阳。

师："抵得上"是什么意思，你能换个词吗？

生：等于。

师：那 130 万个地球才能抵得上一个太阳。我们来看看图片，这就是太阳，地球在哪呢？和这样庞大的太阳相比我们的地球就像一个小黑点，所以文中说"130 万个地球才能抵得上一个太阳。"谁能带着你的理解来读一读这句话。（生读句子）

【效果分析】对比图片的出示让比较更为直观，不禁引起学生的感叹：太阳真的太大了！

师：这里用我们非常熟悉的地球和太阳放在一起做比较（板书：做比较）你觉得这么比较有什么好处呀？

生：一下就能看出太阳很大。

师：地球已经很大了，可是太阳更大，130 万个地球才能抵得上一个太阳。谁再来读一读？（生读句子）

师：既然太阳这么大，可我们看到的太阳为什么只有盘子那么大呢？谁能用书中的句子来回答。（生一起回答）

师：课文用什么方法写出了太阳"热"的特点？

生：太阳的温度很高，表面温度有 6000 摄氏度，就是钢铁碰到它，也会变成气；中心温度估计是表面温度的 2500 倍。我知道太阳很热很热。

师：让我们感受着太阳的热，一起读读第 3 自然段吧。（生齐读）

师：通过使用列数字和作比较能够把事物的特点说得很具体、明白。今后同学们在介绍一件事物的时候也可以尝试着用一用这样的方法。

【效果分析】让学生整体回顾课文是如何把三个特点写明白的，学生很容易发现共同的方法就是列数字，又通过课文中泡泡的提示，学生能够发现做了比较，由此，自然地引出本文的说明方法，进而带领学生感悟好处，水到渠成。

（三）**资料拓展，引出密切关系**

师：进一步想想，太阳这么热，为什么没把我们烧伤？太阳那么大，为什么却看着像盘子？

生：因为太远了。

师：可见太阳的三个特点之间也是相互联系的。默读《妙不可言的位置》，想一想到底妙在了哪？（学生默读）

生：太阳离我们的距离正好，不远也不近。

师：看来，地球与太阳的距离恰到好处，这样妙到了极点位置让地球上有了生命。可见，太阳与我们的关系十分密切。

【效果分析】此处的拓展阅读资料起到了穿针引线的作用，由三个特点之间的联系，引出联系的观点，再由太阳与地球微妙的位置引出地球与太阳的密切关系，顺畅教学的同时，处处渗透万事万物都是相互联系的观点。

（四）**联系生活，感受密切关系**

师：课文接下来举了很多例子来介绍这种关系，轻声读一读第4-7自然段，从中选一个例子跟小组成员说说太阳与我们这种密切的关系。（小组推荐代表汇报，学生边汇报、师边板书）

师：太阳太重要了！怪不得最后一个自然段写道……（出示最后一段生齐读）

师：你能结合我们今天学的内容或者生活实际谈谈对"没有太阳，就没有我们这个美丽可爱的世界"吗？

生：太阳对我们很重要。

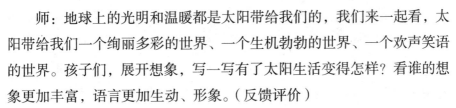

师：地球上的光明和温暖都是太阳带给我们的，我们来一起看，太阳带给我们一个绚丽多彩的世界、一个生机勃勃的世界、一个欢声笑语的世界。孩子们，展开想象，写一写有了太阳生活变得怎样？看谁的想象更加丰富，语言更加生动、形象。（反馈评价）

【效果分析】读写结合的课堂活动使学生对本文深入思考，加深了理解，不仅激发了学生的想象力，同时锤炼优美的语言，以"有了太阳"的排比句式，易于学生发挥，又增加了诗歌的韵味。

（五）课外导读，开拓学生视野

师：其实，关于太阳的知识还有很多很多呢！从火星上看太阳是什么样子的呀？我们是怎样知道太阳内部的情况的呢？我们如果想了解太阳其他的知识，甚至是宇宙中的奥秘，可以看这本书《重返天文咖啡馆》，这本书中收录了美国国家宇航局专业天文学家奥登瓦尔德所述的天文知识，我课后会把这本书放到班级书柜中，同学们快到这本书中去找一找你想知道的自然科学知识吧！

【效果分析】同学们对老师出示的问题很感兴趣，老师揭示答案时学生发出感叹，可见学生对有关太阳的知识是感兴趣的，课后有部分同学借阅《重返天文咖啡馆》这本书。

六、课后反思

《太阳》是人教版三年级语文教材第六组的第一篇文章，是学生第一次正式接触说明文。课文共有 8 个自然段，可以分为两部分。第一部分运用了列数字、做比较等说明方法，具体、通俗地介绍了太阳远、大、热三个方面的特点。在教授第一部分内容时老师引导学生在读中学、读中思，课前充分的预习与探究，使得学生带着有准备的头脑走进课堂，勾画与思考的同时，使得理解得到加深与丰富，学生自主的汇报充分体现了学生的主体作用。

拓展阅读资料起到了穿针引线的作用，由三个特点之间的联系，引出联系的观点，再由太阳与地球微妙的位置引出地球与太阳的密切关系，顺畅教学的同时，处处渗透万事万物都是相互联系的观点。

第二部分从太阳和动、植物的生存，地球上气候的变化及太阳光可防治疾病等方面讲清了太阳和人类的密切关系。充分的课前预习，深入的查阅资料，使得孩子兴趣盎然，激发出孩子的表达欲望，同时，深刻理解了太阳与人类的密切关系。这里还渗透了举例子的说明方法。

本课结尾处设计了读写结合的环节，意在激发想象力，锤炼优美的语言，以"有了太阳"的排比句式，易于学生发挥，又增加了诗歌的韵味。最后出示老师的范写，使学生在不知不觉中习得了改进写作的方法和预期的效果。在对太阳的赞美声中，更升华了本课的主题。

（北京市义务教育课程改革试验教材三年级语文）

用小彩笔画我的小故事

王　骏

一、课标要求

语文是生活的工具，生活是语文的土壤，语文活动只有走出课堂，走向生活，才能贴近学生的心灵，激发学生的学习兴趣。《语文课程标准》指出："语文综合性学习"要求学生能够结合语文的学习，观察大自然，用口头或图文等方式表达自己的观察所得。图画是幼儿学习中最喜欢的东西，孩子们的阅读能力也需要借助图画来发展。因此故事书便成了孩子们最喜欢的读物。根据一年级学生年龄特点，并针对我们班学生特别喜欢听故事、讲故事的习惯，再加上友善用脑理念强调要相信学生的学习能力，也就是要求一定要把学习的主动权还给学生，于是，我借助课文《小彩笔》一课，让学生在美术课上用自己的小彩笔画出身边的小故事，并在课堂上分享给大家听。

二、学习目标

1. 从学生实际生活出发，培养学生关注身边的点点滴滴。

2. 从讲故事的过程中，培养学生敢说，自信的良好习惯。

3. 在与小组同学的合作中，学会倾听，学会交流，并从中获得乐趣。

三、学习重点、难点

学习重点：从讲故事的过程中，培养学生敢说，自信的良好习惯。

学习难点：在与小组同学的合作中，学会倾听，学会交流，并从中获得乐趣。

四、学情分析

本次活动主要是让学生从自己的实际生活着手，让学生搜集自己身边的小故事，并把自己的小故事用小彩笔画出来，然后再在班级内分享自己的小故事。在教学中，我注重根据本班学生的实际，培养学生敢说，乐说，大胆说，使其愿意交际，在说话时做到举止得体，态度大方，彬彬有礼。

五、学习过程（课堂实录）

（一）创设情境，揭示课题。

师：同学们，看，这是什么？你们喜欢小彩笔吗？我们在前些天学习了一篇课文叫《小彩笔》，还记得课文的内容吗？

生：小彩笔，喜欢，记得。

师：接下来，我们一起背一背，好吗？

（学生有感情的朗诵课文）

师：课文中提到用蓝色画？用红色画？用黄色画？用绿色画？

生：用蓝色画天空；用红色画国旗；用黄色画高楼；用绿色画草地。

（教师随着学生回答，在黑板上板书。）

师：其实，五颜六色的小彩笔不仅可以装扮我们的校园，还可以画出很多美好的事物呢。我知道，咱们同学在上美术课时，就拿起五颜六色的小彩笔勾画出属于自己身边的小故事。对吗？

生：对。

师：今天，这节课我们就来和大家一起分享自己用小彩笔画的小故事，好吗？

生：好。

【效果分析】本环节是想通过学生回忆课文《小彩笔》一课，通过背一背，说一说课文内容，增加学生的学习兴趣及课堂气氛，使学生心情感觉愉快，增加学生的学习主动性。

（二）自主分享，多元评价。

师：谁愿意跟大家分享你的小故事呢？

师：出示画，你们能先说说他都画了些什么吗？接下来，我们就请这位画的小作者给我们讲讲吧!

生:讲小故事。

师:谁能评价评价?

生:她声音洪亮。

师:谁愿意再跟大家分享一下你的小故事?

生:讲自己的小故事。

师:同学们,虽然老师只展示了班内几名同学的画,但是老师知道其实你们每个孩子也都想把自己的作品分享给大家,对吗?

【效果分析】评价是尊重幼儿主体地位、促进幼儿发展的重要环节。有效地评价能强化幼儿主动参与学习活动的积极性,唤醒并激发他们的创新欲望。在这种情况下,教师、学生必须要做到有效地倾听才能展开有效地评价。如学生在说话过程中声音洪亮、说话流利就适时给予表扬,孩子们很开心。

（三）小组合作,分享故事。

1. 师:接下来,请四个人一组,在小组内分享一下自己的小故事。然后组内推选出一名讲得最好的同学,一会儿分享给全班同学听。

2. 生:全班分享汇报。

教师强调讲故事注意事项:在讲之前,我们想一想当别人起来为我们讲故事时我们作为听众应该怎样做?（认真倾听）怎样做就是认真倾听?（不说话、无论别人讲的怎样我们都不插话、都不取笑）

【效果分析】本环节通过小组推荐的形式,到前面来自主分享自己的小故事,从而培养学生敢说,乐说,大胆说,使其愿意交际,在说话时做到举止得体,态度大方,彬彬有礼的好习惯。

3. 评价交流。

找同学进行评价,师适时总结。

评价要求:

声音是否洪亮

讲的是否清楚

讲的是否完整

师：同学们，接下来，请你们注意以上的这些问题，自己对着自己的画说一说，一会儿咱们再来讲一讲。

【效果分析】本环节希望学生能够注意同学们提的小建议，再来讲自己的小故事，通过自己练习讲小故事，把自己的小故事讲得更出色。

4. 最后教师组织学生进行总结评议。

师：接下来，咱们评选出"最佳讲故事奖"，你觉得哪位同学讲得最好，说一说你的理由？哪位同学听得最认真，评价得最好？咱们颁发一个"最佳小评委奖"给他吧！

剩下的同学，是不是每个人都很勇敢地站到前面给大家分享自己的小故事，咱们也颁发给他们一个奖吧，叫"最勇敢奖"，好吗？

请以上同学上台，颁发奖状及奖品。

【效果分析】每个学生都是天生的学习者，本环节体现了让学生小组分享的方式，学生分小组来讲解自己的小故事，并在组内评出一个讲得最好的同学，让每个学生都能参与活动中来，并在同组中练习讲故事。这一环节充分地体现了学生的主体性并培养学生合作交流的意识。活动过程中，老师走到每组同学身边适时地进行指导，尽量做到人人参与，不应有被遗忘的学生。

（四）总结课题，拓展延伸。

师：这节课，我们结合课文中《小彩笔》一课，先用自己的小彩笔勾画出一幅幅属于自己身边的小故事，并分享给自己的小伙伴听，其实，只要我们做一个细心观察的孩子，留心我们身边发生的点点滴滴，我们就可以用五颜六色的小彩笔勾画出很多美好事物。老师希望大家，今后也要坚持画下去，并把自己的小故事分享给自己的爸爸妈妈、老师、或者身边的小伙伴听，好吗？

课后，老师会把同学们的画张贴在教室各处，便于我们其他同学课间休息时互相交流。

六、课后反思

通过这次实践活动，我明白，综合实践课就是要放手让学生去思，去做。还给他们自由的课堂，让他们在实践中懂得生活，懂得道理。在实践中懂得学习，懂得如何去解决疑惑。

这节课，老师努力要求学生把话说完整，并让学生之间进行评价。教学过程中，孩子们能较为完整地讲自己的小故事，积极性很高。但是在今后的时间里，我仍需继续努力，把讲故事活动形式多样化，力争人人会讲故事，并长久地把这项活动坚持下去，从而为孩子们营造一个良好的阅读氛围，提高学生的口语表达能力。其次，口语交际课有别于语文阅读课，我们老师站得角度肯定有所不同，我们不仅要关注学生语言的发展，还应关注学生与人的交际能力，让孩子们能愿意当着同学的面大胆地与人交流，要让所有的孩子都开口。

在以后的综合实践教学中，我将不断学习更新自身的教学知识，牵着孩子们的手，与孩子们飞得更远，更高。

（北京市义务教育课程改革试验教材一年级语文）

分数的大小比较

孔庆艳

一、课标要求

《数学课程标准》指出：学生学习应当是一个生动活泼、主动的和富有个性的过程。认真听讲、积极思考、动手实践、自主探索、合作交流等，都是学习数学的重要方式。学生应当有足够的时间和空间经历观察、实验、猜测、计算、推理、验证等活动过程。使学生理解和掌握基本的数学知识与技能，体会和运用数学思想与方法，获得基本数学活动经验。友善用脑理念强调要相信学生的学习能力，也就是要求一定要把学习的主动权还给学生。

二、学习目标

1. 能结合具体的生活情境，学会比较简单分数的大小。

2. 通过猜想、操作和验证的方法探究同分母分数的大小比较和分子是"1"的分数之间的大小比较的方法。

3. 在探究并掌握简单分数大小比较的过程中，进一步理解分数的基本意义，鼓励用自己的方式学习知识，建构知识体系。

三、学习重点、难点

学习重点：探索并掌握简单分数之间大小比较的方法。

学习难点：归纳分子是"1"的分数之间大小比较的方法。

学习准备：课件、图形卡片（四张同样大小的圆形、正方形或长方形等）、直尺、彩笔等。

四、学情分析

三年级学生的思维正处于由形象思维过渡的时期，能进行一定的抽

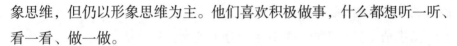

象思维，但仍以形象思维为主。他们喜欢积极做事，什么都想听一听、看一看、做一做。

他们已经有了自主学习的能力，教师需要为学生提供多感官学习的条件，以帮助他们完成学习实践，获得个体体验。他们已经学习了"分数的初步认识"。本节内容他们能结合图形及分数的意义比较同分母或同分子的两个分数的大小，自主探究掌握比较同分母或同分子分数大小的方法。

五、学习过程（课堂实录）

（一）唤醒经验，孕伏策略

师：同学们，上节课我们认识了分数，谁能说出几个分数？（出示课件）填一填：比较下面数的大小。

56〇 68 并说出理由？

【效果分析】"每个学生都是天生的学习者"，上节课，学生刚刚认识了分数，在本节课的开始部分设计一些分数的相关知识，达到温习旧知，引入新知的目的。

（二）探究新知、建立模型

（活动一）探究分母相同的分数的大小比较。

1. 课件演示看图比较分数大小。说明自己的想法。

2. 完成例 5 涂一涂，比一比。

完成后，全班交流。然后，重点说一说是怎样想的。

3. 提出"用大于号或小于号表示 和 两个分数大小"的要求，鼓励学生自主尝试。

4. 师：这几组分数有什么特点？

师：像这样分母相同，分子不同的分数比较大小时该注意些什么呢？

生 1：因为 4/5 里面有 4 个 1/5，而 2/5 里面有 2 个 1/5，所以 4/5 大于 1/5。

生 2：分母相同的话，就要比较分子，分子大的分数就越大，分子越小的分数就越小。

师小结：分母相同，看分子，分子越大，分数越大。

反馈练习：课件

（活动二）故事导入。

师：大家都喜欢听《西游记》这个故事吧。话说有一天，唐僧师徒四人走在取经的路上，又累又渴。唐僧说："八戒，你去找个西瓜，解解渴吧。"八戒不情愿地接受了师傅的任务。不一会儿，猪八戒大汗淋漓地抱回一个大西瓜。沙僧说："咱们分了吃吧，把这个西瓜平均分成 4 份，每人吃这个西瓜的四分之一，怎么样？"八戒一听，火冒三丈，大声喊："俺老猪找来的西瓜，才分到其中的四分之一，太少了，太少了！说什么也得分我其中的八分之一！"聪明的你会答应猪八戒的要求吗？为什么？

学生自由发言，根据学生的发言，让学生借助手中的学具说明。

（课件展示故事情景）

【效果分析】"兴趣是最好的老师"讲述《八戒分西瓜》的故事，不仅可以集中学生的注意力，还可以最大限度调动学生学习新知的兴趣。

活动

（二）探究分子是"1"的分数比较大小的方法

1. 动手操作，自主探究

师：究竟吃 1/4 多些，还是吃 1/8 多些呢？只要比较一下 1/4 和 1/8 的大小就可以了。

板书：1/4 ◯ 1/8

师：请同学们利用手中的学具，动手操作一下，先表示出 1/4，再表示出 1/8，比一比，看一看究竟谁大谁小……

（学生自主探究，可以用圆形，也可以用长方形、正方形或者线段图等各种方法来操作和验证，师巡视课堂）

【效果分析】本环节让学生通过动手操作:折一折、涂一涂、比一比的方法自主尝试验证自己的猜想，进而对分子都是"1"的分数大小比较有一个初步的感知。

2. 小组合作，交流共享

本环节中，学生把自己的做法展示给小组内其他成员，并说出自己的想法和意见。如：我用了两个相同的圆形，把其中一个圆涂上红色表示出它的 1/4……

（小组内充分展示）并对小组做出相应的评价。

3. 班内交流，汇报展示

预设情境：

生 1：我把一个圆对折两次，涂出它的 1/4，再把另一个圆进行四次对折，涂出它的 1/8，再比较一下，我发现 1/4 比 1/8 要大。

师：为什么要对折两次？

生：要把这个圆平均分成 4 份。

师：对，一定要平均分。

生 2：我用的是一个正方形，先在上面表示出 1/8，再表示出 1/4，通过对比我发现，正方形的 1/4 比 1/8 大。

生 3：我先用一个圆涂出它的 1/4，再拿一个正方形涂出它的 1/8，比较一下，1/4 大于 1/8。

师：这位同学用了一个圆的 1/4 和一个正方形的 1/8 进行比较，大家觉得有疑问吗？

生：不行，应该用两个圆！师：大小不同行吗？生：大小相同的两个圆才行！

师：对，必须是同样两个圆的 1/4 和 1/8 才能进行比较。

生 4：我用线段来表示：先表示出 1/4，再表示出 1/8，结果我发现……

【效果分析】本环节是学生把操作验证的过程在全班内进行汇报和展示，学生在边说边做的过程中，感悟分子都是"1"的分数之间进行比较的方法，同时，老师善于抓住课堂中生成的错误资源，及时更正并加以强调，让学生建立比较清晰的概念和方法。

4. 教师点拨，总结方法

师：同学们很了不起，能用这么多方法进行比较——课件展示：1/4 和 1/8 的大小比较。

那我们得出的结论就是 ：板书

猪八戒自以为很聪明，当他弄明白的时候已经晚了，看来学好数学知识很重要然而更重要的是得懂得公平、和谐！

下面请大家仔细观察 1/4 和 1/8 这两分数有什么相同点吗？

生：它们的分子相同，都是"1"。

师：你还能再举出几个这样的分数吗？

生：1/5 、 1/3、 1/7、 1/8 、1/16 ……

师：很棒，那么是不是任意两个分子都是"1"的分数都可以用同样的方法进行比较呢？比如说随便拿出两个分数来比较一下：1/10 和 1/8 谁大谁小？

出示课件：

汇报展示：

小结：看来，同样大小的一个圆，平均分的份数越多，其中的一份就越小。同学们，分子都是"1"的分数之间该怎样比较大小呢？引导学生说出：分子相同，看分母，分母越大，分数就越小。

试一试比较：1/4 ◯ 1/2

下面请同学们每人写出三个分子是 1，分母不同的分数，并比较它们的大小。

（三）探究分子分母相同的分数与 1 相等

59 页试一试，你能再举出几个这样的分数吗？教师板书。问："这些分数之间是什么关系？"

三、巩固深化　拓展提升

1. 独立完成练习九 60 页 1—4 题。

2. 完成课本 61 页 5、6、9。

3. 拓展提高 61 页思考题。

四、课堂小结

1. 课堂小结谈收获。

（总结回顾本课知识点。简单分数的大小比较的法则：分子相同看分母，分母越大分数越小；分母相同看分子，分子越大分数越大）

【效果分析】本课重点学习分子是"1"的分数的大小比较，在此基础上，进一步延伸到异分母分数之间大小的比较，使学生建立比较完整的概念网络。

六、课后反思

1. 让利用"旧知"成为学习"新知"的一种策略。利用旧知引出比较分数大小的方法，向学生渗透解决新问题的基本方法并引导学生进行知识的正向迁移，使学生切身体会到"创造"的快乐，激发了学生的学习热情。

2. 在课的开始部分，创设了西游记的故事情景——引出悟空和八戒分西瓜，这一故事情节使得学生兴致大增，有效地激发了学生的学习热情。本故事情景的设置，在整个课堂中体现出了三个优势和作用：其一，最大限度地激发了学生的学习兴趣；其二，自然而然地引出本节课中的两大知识重点：分子相同分数的大小比较；分母相同分数的比较大小；其三，较好地完成了情感知识和思想品德的教育目标，比如八戒因为自作聪明，没有扎实地学好数学知识导致错误的教训，以上这个导入环节，贯穿于课堂教学的始终，很好地体现了新课标的理念，既顺应了学生的天性，又关注了学生的需求，引导学生以浓厚的兴趣参与到后面的学习和探究活动中去。

3. 友善用脑教学的有效路径。

在本节课中，通过不同层次的活动，依据友善用脑理念完成教学任务，在探究活动中，较好地把握住教学重难点，有效构建了如下四环节教学模型：

（1）提炼问题、初步猜想。

针对故事最终提炼出问题 1/8 大还是 1/4 大？学生进行初步猜想。

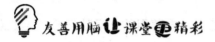
（2）自主探究、操作验证。

本活动中学生通过动手操作：折一折、涂一涂、画一画，再通过观察、对比、思考、验证猜想，并最终得出自己的结论。

（3）合作交流、汇报展示。

本环节学生把自己的做法和想法在小组内交流共享，然后在全班内进行汇报展示。

（4）教师点拨、总结方法。

当学生自己能够展示并用完整的语言表达出自己的想法后，进一步引领学生理解分数大小比较的原理，并归纳总结出规则和方法：分子相同看分母，分母越大分数越小；分母相同看分子，分子越大分数越大。

友善用脑强调在尊重人的生理、心理规律的同时，掌握良好的学习方法，每个人都能轻松快乐地学习。本节课教学为了落实友善用脑的理念，设计了小组合作学习环节，把学习的主动权还给了孩子，让他们在活动中收获知识，在合作中体验学习的乐趣。

（北京市义务教育课程改革试验教材三年级数学）

保护水资源

赵秋雪

一、课标要求

生活中的水这一单元，包括了水能溶解一些物质、水的净化、保护水资源三个方面的内容。保护水资源在之前两课的学习上已经了解到一些物质能在水中溶解，不溶解的杂质可以用沉淀、过滤、消毒的方法净化。保护水资源这一课主要是让学生了解一些能够溶于水的物质，会对水资源造成哪些影响。让学生建立起保护水资源的意识。

二、学习目标

1. 了解地球上水资源现状及水资源正面临的威胁。生活用水的污染程度、特点和概念以及水污染产生的原因。

2. 通过搜集资料、观察讨论、小组合作等多种活动方式，培养学生用科学性语言进行表达，以及能对信息、资料进行统计分析等能力。

3. 通过探究实验，关注水污染的问题，形成主动参与减少水污染的意识。培养同学们强烈的社会责任感和保护水资源意识。教育学生从我做起，宣传节约用水，养成节约用水、保护水资源的好习惯。

三、学习重点、难点

重点：认识生活用水的污染度，及生活用水对水资源污染的危害。

难点：认识到保护水资源、改善水质人人有责的重要性。

四、学情分析

学生从目前的思想、行为上均没有能充分认识到水资源严重短缺的问题和水污染的原因及具体表现。但是在学习和生活中都已涉及或渗透节约用水、保护水资源的思想，也知道很多节水、保护水资源的方法。但

基本都是停留在认识上，没有具体概念和行动。帮助学生建立水污染的概念，转变学生科学概念中的语言日常化问题，形成水污染就在身边的意识。

四、学习过程（课堂实录）

（一）情境创设

师:上课前请同学们跟着老师欣赏一些美丽的水景

师：你们发现没有这些水都有一个共同的特征

生：这些水都特别的清澈

师：老师也特别喜欢这样清澈的水，也为大家准备了就在咱们的 1 号杯中，一会儿请大家来观察一下。谁还记得观察水的方法

生：看、闻和尝

师：观察水的方法看和闻，这次咱们就不品尝味道了。咱们观察结束后把咱们的观察结果写在观察记录单上。

师：观察过程中声音轻结束之后马上做好，不要忘记填记录单

学生开始观察活动

（评价）师：四组观察的最快，观察完请各组做好

各组实验停止，填写实验记录单

（评价）师：刚刚的观察过程中 3 组和五组观察的最快，除了 1 组、2 组其他组声音保持得很好音量控制加一分，3、5 组合作加一分。

【效果分析】在友善用脑导向评价中，关于合作也是从两个方面进行考察的。一是学生在探究交流过程中的合作表现：学生之间是否能密切合作、互相帮助，既能发挥个体的潜能，又能形成团队的合力，生成团队内在的运作机制。本堂课教师的评价的不够具体，应该具体地说说表现好的组是怎样做的，这样能够帮助学生们改正自己的不足。评分单在同学自己本组不能很好地激励全班同学，无法让学生产生竞争意识，所以评价的效果就变弱了，后面的课堂学生声音无法控制和这点有很大原因。

（二）观察结果分析交流

师：我找人来说说，你们组观察的结果是什么？

生：河流水是无色透明的，气味是无味。

师：同意吗？河流水是无色透明的，没有气味。那咱们桌子上还有四杯水，咱们来看看它们都分别是什么水，咱们一样对这四杯水进行观察。观察完填写记录单，注意音量，好开始。

学生开始观察活动。

提示填写记录单。

观察活动结束，填写实验记录单（此时声音开始慢慢变大）

师：各组停坐好，刚刚观察的时间比较长，声音保持的比较好的是3组，3组音量加1，现在咱们应该已经观察完了，但是记录还没有写完，给大家最后30秒，赶快写完。写完马上坐好。

师：好找人说说你们组的观察结果，先说2号烧杯中的。

生：透明的没有气味。

生1：有淡淡的菜味。

师：造成这个的原因可能是洗的菜不一样，洗菜用的东西也不一样，所以味道不同。咱们接着看3号烧杯中的洗衣水。

生：透明白，有点香味

生：透明，较白

师：颜色可以说半透明，4号淘米水。

生：透明的，比较白比洗衣水要深一点，味道是发酸有些臭。

有同学不听讲，有小动作我并没有注意到。

生：颜色是发黄，气味是臭的。

【效果分析】根据友善用脑的评价导向，教师在评价时应该多向积极的方向引导学生。针对学生的表现及时评价，出现问题时以积极正向的评价做反馈，这样让表现好的同学得到表扬的机会，对无法获得表扬的组也是一种刺激，消极的评价可能会打击学生的自信心，反而不能做好。

（三）检测污水 PH 值，感受污水的变化

师：刚刚咱们是用咱们的感官器官感受的，咱们还可以用其他数值测量一下他们的 PH 值。

（评价）二组批评一次上课有人说话。

师：咱们看一下 PH 试纸里面有一个比色卡分别对应这 14 个数字，这些数字分别对应他们的酸碱度，我们把待测液体滴到试纸上，再和比色卡上对比得出它的 PH 值。咱们只有一根玻璃棒检测完一种液体，要对玻璃棒进行清洗。

学生活动，检测 PH 值（此时声音较大，教师只提示了一下注意音量）

效果分析：在这一环节使学生认识到，除了直观观察到的一些变化，测量被污染的水的 PH 值也可以看出水被污染后的变化。课堂进行到这里是评价变得少了，这也是学生行为开始变化的原因，没有及时的评价。

师：刚刚各组声音都比较大，注意。咱们说说刚刚检测的结果。

师：咱们把其余各杯中的水倒入 1 号烧杯中咱们再一起来看看 1 号烧杯中的变化。

评价：批评二组还没有开始实验就动了。

活动开始

师：我们 1 号烧杯中的水有什么变化？清水被污染了，颜色、气味都有变化。那如果把生活污水直接排入到河流中，会导致河水中蓝藻暴发，河水中含氧量骤降，鱼儿无法生存。

师：那除了生活污水会污染河流，还有什么会使河流造成水污染呢？老师给大家准备了资料，在各组 1 号同学那里，请阅读资料的前两页，找一找还有哪些原因会造成水污染。

（此时学生注意力下降，注意听讲的同学较少，出现说话的同学）

评价：5 组、7 组传东西的过程中速度很快，而且没有声音。

（四）阅读资料，了解水污染的原因

同学活动阅读材料。

师：找同学来说说你还找到了造成水污染的哪些原因。

生：农业废水污染。

生：工业废水污染源。

师：看前面水污染的过程，这条河流中的水是如何被污染的。这些临近河流中的工厂直接将废水排放到家庭当中，通过自来水厂就会到咱们的家庭当中，那咱们的饮用水就受到了污染。

（五）保护水资源我们能做到

师：刚刚咱们这些都是一些污水污染水源，那咱们看看这些图片都是河边常见的景象，这些都是什么呀？

生：垃圾。

师：保护水资源已经刻不容缓了是不是，那国家也出台了相关的政策，那我们应该怎么做呢？

生：厨房用水可以浇花。

生：不乱扔垃圾。

生：呼吁周围的人保护水资源。

师：这是英国的一个人，每天都会在上班必经的那条河边捡垃圾，我们也应该向他学习，从身边的小事做起，保护咱们的水资源。

六、课后反思

由于学生年纪还比较低，刚刚接触科学课，对于科学课上的实验和各个观察环节的要求还不是很清楚，所以选择以最基础的声音为本节课的主要评价方面。根据友善用脑的理论，规则是课堂教学评价的重要依据。规则包括两个方面，一是保证课堂秩序的规定、纪律和班级守则；另一方面是教师设计的教学活动的相关规则。课堂上的实验活动，是为实现学习目标为设计的。操作的目的是为了学，为了生成知识。严密、周全、简明、清晰的规则，是学生自主学习，完成学习任务的基本保证。本节课想通过对声音的评价，引导学生遵守课堂秩序，在友善安静的环境下进行学习和探究活动。在实施的过程当中教师的评价不够具体，造成学生有的时候并不知道该如何去做。评价表学生自己填写的方式一是

不能让学生产生竞争意识，二是评价表中的数据可能并不真实，教师若无法及时发现那评价的意义就失去了。针对这次课出现的问题，我准备从这些方面改正。首先评价语言要更加具体，其次评价的点可以从合作方面的不同层次入手，对于表现不同的组实行分层级的评价。让表现好的组有提升的机会，表现不好的组也有进步的空间，因材施教，因组评分。把各组的评价直接在黑板评价表中体现，让所有组都能看到自己本组得分，和其他组的成绩。让组与组之间产生竞争意识。把评价的激励作用发挥出来。

（首都师范大学出版社教材三年级科学）

斜　面

路　敬

一、课标要求

《斜面》一课属于物质科学领域相关内容，呈现在首师大版科学第6册《简单机械》单元的第四课。学生在认识杠杆、滑轮、轮轴的作用基础上，认识另一种简单机械装置——斜面，通过经历小组科学探究活动，认识斜面可以省力，坡度越小越省力。

二、学习目标

1. 经历科学探究活动，知道斜面可以省力，坡度越小越省力。

2. 能对斜面的作用提出假设、设计实验、观察记录数据，并进行表达与交流，体验科学探究的乐趣。

3. 能运用斜面的作用，分析生活中应用斜面原理的事例，体会科学知识给人类生活带来的方便。

三、学习重点、难点

学习重点：认识斜面可以省力，坡度越小越省力。

学习难点：实验操作的准确、实验数据的收集。

四、学情分析

学生学习本节课之前，在生活中对一些斜面装置有所认知，但并不清楚这种机械装置叫斜面，对于斜面有什么作用也很少有人思考过。经历了杠杆、滑轮、轮轴三节课的学习，学生能够正确使用测力计测量物体受力的大小，并能对测量的数据进行简单的思维加工，清楚表达。

五、学习过程（课堂实录）

（一）创设情景，揭示课题

师：出示 ppt 课件，司机师傅想要把沉重的油桶搬运到汽车上。你有什么好的方法？

生：在汽车与地面之间搭个板子，然后将油桶滚到车上。

师：ppt 出示课件认识简单机械装置——斜面。

师：结合你的生活经验，应用斜面把一个重物搬运到高处，有什么好处呢？

生：省力。

师：学生交流斜面为什么会省力？

生：因为直接搬的话很费劲，要是搭一个斜面，可以滚上去，所以省力。

师：同学们刚才的想法只是我们结合生活中的经历的一种推测，要想真正知道斜面是不是会省力，我们要用真实的科学数据去证实它。今天这节课重点来探究斜面的作用。

【效果分析】选择生活化的问题情景，将学生带入课程学习中，容易激发学生内在的学习动机。课的一开始，以生活中学生熟悉的生活情境引入，认识斜面装置，并引导学生思考：搭斜面的作用，揭示本节课学习主要内容。

（二）实践探究斜面的作用

1. 斜面可以省力。

师：到底是不是这样呢？出示 ppt，运用老师提供的实验器材，你打算怎样来研究这个问题呢？

生：讨论。

师：学生交流想法。表述时尽量简洁、清楚，使用科学术语。根据同学们的表述情况对各组进行奖励加分。

【效果分析】友善用脑强调：在学习过程中，学生应具备什么道德修养，应具备哪些基本能力，养成哪些良好习惯，这些都受到评价导向的影响。在实验操作之前，设置明确的表达交流的评价量规，让学生能用规范、简练的语言表达自己的想法，不仅能有效帮助学生梳理思维，帮助学生养成良好的语言表达习惯，同时为后续实验操作打下了坚实基础。

生：我们组打算这样做，第一步，用测力计直接提起小车，看需要多少牛？然后在铁架台和塑料板之间搭成斜面，在斜面上拉动小车，看看需要用多少牛？每组实验做 3 次。对比测量的数据，分析斜面是否省力。

师：这位同学语言表述完整、简练，给本小组奖励分。还有不同意见或补充吗？

生：必须要匀速拉动。

师：你的补充特别好，不仅能认真倾听别人的想法，而且还能提出可贵的建议，我们也为这一小组加上奖励分。还有吗？

生：还要注意在木板上水平拉动物体。

师：请同学演示操作。

师：××同学补充得很好（加分），再找其他同学补充。

【效果分析】在实际教学中，我发现学生对于同伴的倾听能力较差。养成倾听同伴的习惯，不但有利于形成民主科学的学习氛围，而且可以提高学习效率。因此，针对学生在"倾听同伴交流"这一弱项，设置倾听评价量规表，帮助学生养成倾听同伴交流的习惯。

师：根据我们讨论的研究方案，请同学们测量直接提起与应用斜面拉动物体所用力的大小，将测量的数据写在科学报告册中，比较数据，分析斜面的作用。实验完毕，及时整理材料。

生：学生操作实验。

师：根据学生小组实验操作情况（小组成员是否都参与实验、是否能及时记录数据、充分的讨论、交流……），进行奖励加分。

【效果分析】严密、周全、简明、清晰的规则，是学生自主学习，完成学习任务的基本保证。学生在实验中，往往停留于个别同学操作实验，讨论也只是敷衍了事，结合班级学生问题情况，制定有效的评价量化表，帮助学生养成良好的科学实验操作习惯。

生 1：我们要研究的问题是：利用斜面拉动物体是否可以省力，直接提起重物第一次是 1.9N，第二次是 1.9N，第三次是 1.9N，应用斜面拉

动物体，第一次是 1.6N，第二次是 1.6N，第三次是 1.6N,我们发现，应用斜面比直接提起重物要省力。（奖励加分）

生 2：略。（奖励加分）

师：刚才我们请了两个组进行汇报，还有没有其他组有补充或不同意见吗?

生 3：我们直接提起小车时，所受重力与前面两个小组数据相同，但应用斜面拉动小车时，都是 1.3N，最终的结论与以上两个小组一样。（加分）

师：通过我们的实验探究，我们发现应用斜面确实可以省力。

【效果分析】合作成果的显现本身既是团队学习能力展示，也体现了每个学生学习提高的过程。本节课重点突出学生探究交流的合作成果，通过小组代表展示完整汇报结果或是其他小组补充，来评价学生团队合作学习能力。

2. 坡度越小，越省力。

师：出示一长一短两块木板，它们的结实程度一样，都能搭到车上形成斜面，你愿意选择哪块木板搭成斜面呢? 为什么?

生 1：我选择长木板，因为坡度角小，可以省力。生活中我在爬山时有过这种经历。

生 2：我觉得应用短木板会省力，所以我选择短木板。

师：学生争论（大部分同学根据自己的生活经历都认同生 1 同学的想法，也有个别同学认同生 2 同学的想法，但不能说出自己的理由）。出示高长木板与短木板搭成的斜面，观察有什么不同?

生：长的木板搭成的斜面平缓，短木板搭成的斜面陡。

师：长的木板搭成的斜面平缓，也就是木板与地面所成的倾斜角度小，反之，短木板，木板与地面所成的倾斜角度大，哪个斜面会更省力呢? 我们要想知道这个问题，这次我们要怎么做? 学生讨论，设计方案。

生 1：用长木板搭在铁架台上，形成斜面，用测力计在斜面上匀速水平拉动小车，看测力计读数是多少? 然后，同样的方法在把短木板搭

在铁架台上，形成斜面，用测力计匀速拉动小车，观察测力计读数是多少？再比较，就可以知道哪个斜面更省力了。（加分）

师：有补充吗？（学生一致同意上述方法）在做实验时，我们还要保证两个斜面都要搭在同一高度上，学生小组实验研究。

师：大家都在规定的时间内完成了实验，但是南边三组同学不仅做完实验，还把实验材料进行了整理，所以给2，4，6组分别加奖励分。

【效果分析】在实验时，部分小组还是不能养成实验完毕整理器材的习惯，因此，在本环节操作实验时，我依然坚持用制定的评价量化表进行评价，并重点对小组薄弱的问题——实验完毕不能整理实验器材这一项进行强调，对及时整理器材小组，给予奖励加分

生 1：我们研究的问题是：不同倾斜角度的斜面，哪个会更省力？塑料板长，坡度小，第一次测力计的读数是1.3N，第二次是1.3N，第三次是 1.3N。塑料板短，坡度大，第一次测力计读数是 1.6N，第二次是 1.6N，第三次是1.6N。我们的结论是坡度小的长板比坡度小的短板更省力。（奖励加分）

生2：略（奖励加分）

师：其他组有需要补充的吗？

生3：塑料板长，坡度小，测力计读数是1.7N，塑料板短，坡度大，测力计读数是2.2N。

师：展示生3小组记录单。该小组测量的数据与其他小组数据值存在一定误差，这属正常现象，课下同学们可以再次测量，以找到问题的原因。

师：给××在倾听一项加一分。因为他们不仅能倾听小组的发言，还敢于表达自己的不同想法，这是我们科学课所提倡的。

师：通过实验数据的分析，我们发现确实当高度相同时，长木板搭成的斜面坡度小，越省力，短木板搭成的斜面坡度大，相对越费力。

（三）拓展应用，结合生活实践

师：出示 ppt，教学楼正门处有个台阶，餐厅的师傅每天每次都要

将餐饭车抬上台阶，根据我们学习的内容，你能不能想出一个好办法，帮助师傅轻松地把餐饭车推进楼里吗？讨论。

生：在楼梯处搭一个较长的木板，坡度要小。

师：说说你的理由。

生：因为斜面坡度角越小，越省力。

师：你们同意他的想法吗？

生：同意。

师：看来大家这节课没有白学，能够运用所学知识解决生活中的实际问题了。我们再来看生活中的一个问题，在陡峭的山上，想建一条公路到山顶，如果你是设计师，你打算怎样设计，在你的记录单上画一画。并说说你的依据。

生1：汇报。（如果直接上去，比较费力，沿山的一边，环山倾斜环绕，因为倾斜环绕，会形成斜面，斜面会省力）

生2：尽量做成很小的坡度，形成斜面，这样会更省力。

师：刚才这位同学补充得真好，看来你很有当工程师的潜质呀！

生3：提出疑问：可是如果坡度太小，路太长，比较费时间呀！

师：她说的有没有道理呢！我们课下想一想，下节课来讨论、交流这个问题。

【效果分析】在拓展应用这一环节，我发现学生倾听习惯有了明显提高，体现在有更多的学生敢于表达自己的想法，但由于时间原因，没有及时地进行评价肯定。

六、教学反思

本节课是一节典型的科学探究课，教师在课上不是知识的传授者、主导者，而是学生学习的引导者，学生才是真正学习的主体。学生以小组合作学习形式探究斜面的作用，教师采用友善用脑团队学习的导向性评价，促使学生有效开展探究活动。

（一）生活现象引入，激发探究兴趣

选择生活化的问题情景，将学生带入课程学习中，容易激发学生内在的学习动机。课的一开始，以生活中常见的往汽车上搬运油桶这一常见事例引入，让学生认识简单机械装置——斜面，并引导学生思考：为什么要搭斜面，推测斜面的作用，从而揭示本节课学习主要内容。

（二）以导向评价促团队合作能力提高

"倾听、规则、合作"是友善用脑课堂教学评价的主要方向，本节课除了从三个方面对学生团队合作能力进行评价，同时还针对学生表达不清楚、叙述啰唆问题进行"表达"评价，以促进团队合作能力提高。

1. 表达量规评价。

在实验操作之前，让学生能用规范、简练的语言表达自己的想法，不仅能有效帮助学生梳理思维，帮助学生养成良好的语言表达习惯，同时为后续实验操作打下基础。学生在探究斜面的作用时，表达能力较弱，不能用科学的语言、简明扼要的表述自己的想法，这时，教师通过在副板书中给出关键的表述词，引导学生模仿，并配合导向评价，培养学生语言表达能力的提升。从第一环节研究斜面作用时，实验设计"教"学生如何表达想法，到探究"斜面坡度越小，越省力"时的"放"暨观察学生的表现，我发现学生交流、表达能力有了提高，但评价的过程应该是持续的，因此在最后环节运用所学，解决生活问题时，由于受课堂时间限制，教师急于下课，因此在语言表达评价方面，没有坚持到底，在今后的教学中应关注评价的连贯性。

2. 规则量规评价。

严密、周全、简明、清晰的规则，是学生自主学习，完成学习任务的基本保证。本班学生课堂的基本规则多数学生能遵守，但往往对实验提出的一些具体要求很难做到，比如不能做到每个学生都能参与实验，往往是一个人读数据，其他学生直接记录，严重影响了小组成员的参与率，使探究实验变成了个别同学的实验。其次，学生实验完毕不能及时整理器材，因此在实验开始前，提出清晰、具体的实验规则，借助友善用脑评价小组量化表帮助学生养成良好的科学实验操作规则习惯，在两次探究活动，明显第二次探究活动学生在遵守规则方面有了提高。

3. 合作量规评价。

合作，一是指学生在探究交流过程中的合作表现：学生之间是否能密切合作、互相帮助。二是学生在探究交流的合作成果，也就是要评价学生通过各种交流研讨、活动探究，是否达到了教学目标。本节课重点突出学生探究交流的合作成果，通过小组代表展示完整汇报结果或是其他小组补充，来评价学生团队合作学习能力。

4. 倾听量规评价。

倾听主要包括两方面，一种是对教师的倾听，一种是对同伴的倾听。但在实际教学中，我发现学生对于同伴的倾听往往较差。针对同伴倾听这一薄弱问题，在小组汇报交流时，利用倾听评价量规表，教师通过对小组同学的观察以及学生的补充与纠正等方面，及时评价学生倾听能力的好坏。通过课堂对学生的表现观察，我发现大部分学生倾听同伴说话意识增强，尤其表现在学生对同伴的交流结论的争论中，体现更加明显。

总之，通过对友善用脑导向性评价在课堂中的使用，能够明显发现评价可以有效促使学生科学探究能力以及小组熔炼团队的培养，大大提高学习效率，激发学生学习热情。但我也发现，如何更好处理课堂有限时间与评价时间的把握，有效发挥评价的激励作用，是我今后值得去深入思考的问题。

（首都师范大学出版社教材第四册科学）

生活中的小窍门

孙占玲

一、课标要求

《语文课程标准》指出："语文是实践性很强的课程，应着重培养学生的语文实践能力，而培养这种能力的主要途径也是语文实践。"语文综合实践活动基于学生经验，密切联系孩子们的自身生活，注重对知识的综合运用，既要关心学生的个性发展，又要提高孩子的语文素养。友善用脑课堂教学模式是以学生为主体，以自主、合作、探究为主要学习方式，以学生轻松、愉悦、高效地学会学习为目标。教师在施教过程中要把握和有效地调整孩子的心理反应和生理兴奋峰值，使其兴奋期充分反映在课堂上，极大地提高课堂的效率，做到事半功倍。我们应该相信孩子的学习能力，他们在活动中发现问题，独立思考后，合作交流，最终达到解决问题的目的，体验感悟生活。以此为出发点，我设计了"生活中的小窍门"这个综合性学习活动，将学生从课堂引向生活。

二、学习目标

1. 选择生活中的一个"小窍门"写一段话，做到语句通顺、流利。

2. 提高自己收集资料、整理资料、采访、观察、实验及表达能力。

三、学习重点、难点

学习重点：围绕"小窍门"选材，内容具体，语句通顺。

学习难点：通过组内讨论学习，做到议写结合。

四、学情分析

四年级学生，大多十一岁，这个年龄段的学生一般接触面广，独立性增强。他们不再过分依赖家长和老师，而是自己去处理一些简单的事情。语文综合实践活动恰恰满足了本学段学生的心理需求，是学生锻炼、创造与体验的良好途径，既让学生动手动脑又开阔眼界、融入生活，还能培养学生适应生活的能力。生活中常会遇到各种各样的难题，一个简单又实用的小窍门，就能轻松解决生活中的烦恼，给人们带来便利，如何基于生活中的难题，探寻解决方法是四年级学生感兴趣的话题。鉴于本班学生收集、整理资料的能力较为欠缺，通过《生活中的小窍门》活动，教师组织学生自主学习，让孩子们经历收集资料、整理资料的基本过程，学会运用资料解决问题，使学生的收集资料、整理资料、采访、观察、实验等能力得到提高，通过合作学习的方式，培养敏感的信息意识和收集处理信息的能力。

五、学习过程（课堂实录）

（一）创设情境

师：同学们，今天早上，我女儿一不小心把熟鸡蛋和生鸡蛋混在了一起，分不出来了，于是早上连鸡蛋都没吃上，我相信这个问题一定难不倒生活中的有心人，你有没有办法在不打破鸡蛋的前提下，帮助她分一分，解决她遇到的难题呢？（同学们积极踊跃地想办法，举手发言）

教师板书：遇到问题

生：转得慢的是生鸡蛋，转得快的是熟鸡蛋。

师：请你到前边演示一下吧！

学生边在桌子上转动鸡蛋边讲解：这个是生鸡蛋，因为它转不起来。这个转得快的就是熟鸡蛋。（他讲解得很专注，听得同学有的点头，有的露出半信半疑的神色）

（二）引出课题

师：他用了怎样的操作方法，解决了我的难题？

生：他用转动的方法解决了问题。（同学们一起兴趣盎然地回答）

师：磕破熟鸡蛋，证实学生的方法可行。看来这位同学区别生熟鸡蛋的方法真的很好用啊！这位同学帮助老师解决了早晨遇到的难题。

教师板书：遇到难题。

师：这么巧妙的办法就可以说是什么呢？

生：生活中的小窍门。（学生一起回答）

【效果分析】辨别生熟鸡蛋的情境，孩子们非常感兴趣，他们不再觉得语文枯燥乏味，相反语文来自生活，服务于生活。

（三）交流、掌握生活小窍门

师：为什么称这种方法是小窍门呢？

生：因为熟鸡蛋是实心的，就有中心，就转得快，而生鸡蛋里面是液体状的，就没有实心的熟鸡蛋转得快。其他同学补充，熟鸡蛋中间是固体，重心集中，转得就快，生鸡蛋中间是液体，没有重心，所以转不起来。

师：我们班细心观察生活的人真的很多，又会操作方法的，还有清楚原因的，我想生活中的有心人还会有很多同学，请你像老师这样，在小组内介绍一下你还有哪些生活小窍门？组内同学认真倾听，可以提出不同的问题。可以表扬同学介绍的好在哪？

讨论后集体交流。

生：我的生活小窍门是巧清茶垢。

师：你说的生活窍门与生活有关，表达方式简单明了，真好!

生：我的生活小窍门是巧取辣味。

师：你的窍门与吃的有关。

生：我还知道巧剥鸡蛋皮的窍门。

师：这和什么有关呢？

生：这是和吃的有关的小窍门。

师：没错，你们真会归纳。

生：我知道巧去标签法。

生：这和生活有关。

生：我的生活窍门是巧去黄印。

师：巧去什么东西上的黄印？

生：巧去白运动鞋上的黄印。

师：那么这和什么有关系呢？

生：和衣服有关。

师：这可不是与衣服有关，是……

生：这和穿的有关。

生：我的生活小窍门是智取苍蝇。

师：这和生活密不可分，我特别讨厌苍蝇。

生：我的生活小窍门是智取蚊子。

师：看来你们都是打败那些讨厌的小昆虫的能手。

生：我的生活小窍门是巧洗墨渍。

师：这得有多少同学的妈妈要感谢你啊！

生：我的生活小窍门是巧用牙膏止痛。

师：这又与什么有关？

生：这和我们的身体健康有关系。

师：大家这么多的小窍门，我特别期待着你们能够详细地介绍一下。把自己的小妙招借助板书的提示，层次清楚地介绍给同桌，听后提出问题或表明自己清楚了。

【效果分析】孩子们把自己生活中的小窍门介绍给了大家，打开了思维，他们都认为掌握生活中的小窍门是非常重要的，而且，孩子们都想继续寻找生活中的其他小窍门。

（四）开心练笔

1. 指导写作方法。

如果我们要把这些小窍门用自己的笔记录下来，清清楚楚地介绍给大家，多好啊！

首先我们要写清楚遇到的难题，或者先介绍你的窍门是什么。我们还要写清这个窍门的操作方法。为什么称它是窍门呢？你一定要把这其中蕴含的学问写明白。请大家思考之后，动笔写一段话，介绍自己的生活小窍门，题目自拟。

【效果分析】有了老师写法上的指导，孩子们顺势进行开心练笔，孩子们已经跃跃欲试了，迫不及待地要把自己的生活窍门介绍给其他人，如有不会写的字，我们可以暂时用音节代替。

2. 指名展示。

师：同学们根据我们的内容要求，这位同学先写了什么？然后介绍了什么？

生：他先写了遇到的难题，然后介绍了操作方法。

师：可是他少了哪部分内容呢？

生：他少写了窍门中蕴含的大学问。

师：同学们多细心啊，我们可以怎样补充呢？醋里面含有一种酸性物质，这种物质可以把油渍分解。清楚了这个学问之后，我们该怎样进行补充呢？

生：醋里面含有一种酸性物质，这种物质可以把油渍分解，所以油渍就在衣服上逃跑了。

师：接下来，请看另一位同学的介绍。谁能提出自己的建议。

生：他没有写清楚湿本为什么压上重物，放进冰箱就可以恢复原来的样子了？

师：是的，如果我们不介绍窍门管用的原因，别人可能就不会相信这个窍门好用了。看来这小窍门中的大学问，是必不可少的，谁知道湿本子放到冰箱里为什么能还原啊？

生：冰箱是有脱水功能的，所以把湿本放里面一段时间以后，冰箱就把本的水分吸收出来了。

师：我们要把本子恢复原样的原因加到这段话的后面，这个窍门介绍得就完整、清楚了，请同学们自己检查一下自己写的这段话，有没有缺少某一部分内容，如果有，请进行合理的补充。

师：请你读一读修改后的这段话，其他同学听一听这位同学是否把刚才缺少的内容补充完整了。

生：内容完整了。

师：如果能够把动作写具体一些，内容就更充实了。

3. 指导学生补充开头或结尾。

师：我们知道，作文是有开头和结尾的。现在我们看刚才展示过的这篇窍门介绍。请你试着加上一个与这段话关系紧密的开头或者结尾使它成为一篇完整的作文。

生：我想加一个结尾：生活中的小窍门真好用啊！

师：这正是发自内心的感慨啊！请大家再听一位同学的介绍，请你加上一个合适的开头和结尾使它成为一篇作文。

生：我想加结尾：爸爸说："你真棒，都会自己解决问题了。"

师：他是用别人的话做结尾。孩子，你能不能自己加个结尾啊，请你试一试。

生：同学们，只要你细心观察就能发现生活中有许多小窍门，这样我们的生活就会变得更加轻松、有趣。

师：他号召我们做一个细心观察生活的人！

【效果分析】孩子们写作前的内容提示，把自己介绍的生活窍门内容补充完整，介绍得更加具体了。他们可以把这段话简单地加上开头或结尾，使自己的这段话成为一篇完整的作文。

（五）总结

师：生活本身就是轻松、有趣的。我们要享受优质健康的生活，需要简单实用的窍门，愿本节课能开启你智慧的头脑，发现更多的小窍门，去迎接更加轻松、简单、快乐的生活。

六、课后反思

语文综合实践活动是学生锻炼、创造与体验的良好途径，既让学生动手动脑又开阔眼界、融入生活，还能培养学生适应生活的能力。生活中常会遇到各种各样的难题，一个简单又实用的小窍门，就能轻松解决生活中的烦恼，给人们带来便利，如何基于生活中的难题，探寻解决方法是四年级学生感兴趣的话题。每个学生都是天生的学习者，让孩子们经历收集资料、整理资料的基本过程，学会运用资料解决问题，使学生的收集资料、整理资料、采访、观察、实验等能力得到提高，培养敏感的信息意识和收集处理信息的能力。

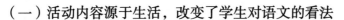

（一）活动内容源于生活，改变了学生对语文的看法

本次语文实践活动的资料源起于生活，用于生活，与孩子们的学习、生活息息相关，让孩子们知道了语文不是枯燥的读与写，它和很多学科一样，来自生活，服务与生活。

（二）开阔学生思维，激发学习兴趣

这节课通过简要介绍生活中的小窍门的环节，打开了学生思维，使他们感悟掌握生活小窍门的必要性，与此同时，激发孩子们继续寻找小窍门的兴趣。

（三）习作教学中实施友善用脑，提高小学语文教学质量

将友善用脑的理念和策略，用脑的原则，音乐冥想等运用于自己的习作教学实践中 寻找友善用脑理论和策略与提高教育教学效率的结合点，将友善用脑"本土化"，进一步丰富和完善学生的学习过程，培养学生的认识能力和语言表达能力，提高学生的口语交际能力、应变能力、创新能力，充分调动学生的习作情感和兴趣使作文教学富有生命力。从而让学生学会习作，爱上习作，进而提高语文教学质量。 在作文教学中，结合小学生作文能力的实际，注重培养观察、思考、表现、评价的能力。鼓励学生说真话、实话、心里话，不说假话、空话、套话，为学生的自主写作提供有利条件和广阔空间。减少对学生写的束缚，鼓励学生自由表达和有创意的表达。

（四）学科知识整合，提高了表达和写作能力

学生在收集资料、整理资料、动手实践，交流、写作的过程中，不但掌握了一些生活中的窍门，而且明白了小窍门中的大学问，在实践活动中，加入了交流、和开心练笔的环节设计，自然地将学科知识进行了整合，让孩子们通过交流合作，利用自己的思维方式，有效提高了学生的表达能力及写作能力。

（北京市义务教育课程改革试验教材五年级语文）

课例——迎面接力跑

周 晖

一、课标要求

《体育与健康课程标准》指出，体育课要以"健康第一"为指导思想，以学生乐于学、正确学、积极学，促进学生身心健康为目的。设计课时要结合三年级学生年龄的特点以及运动技能形成规律等进行教学设计。本课在教学中以引导——尝试——合作为主线，采用讲解示范法、观察提问法、指导纠正法、评价法等教学方法，让学生在轻松愉快的音乐声中学习接力跑动作技能，体验成功的快乐。

二、学习目标

1. 初步学习迎面接力跑，使85%的学生能掌握两人交接棒的技术动作。

2. 通过学习迎面接力跑技术动作，提高学生快速反应和奔跑能力，使学生在心肺功能、下肢力量、协调性和灵敏性等方面得到锻炼。

3. 培养学生顽强拼搏、团结合作的精神和集体荣誉感以及友好交往的能力。

三、学习重点、难点

学习重点：握棒、交接棒方法正确，时机恰当。

学习难点：交接棒准确，连贯。

四、学情分析

三年级学生正处于身体生长发育的好时机，大脑皮层兴奋性占优势，身体的灵活性较高，反应快，容易接受新鲜的事物，善于模仿，求知欲强，直观形象思维活跃。我任教的三年级（2）班共有学生35人，男、女生人数相差不大，他们喜欢新鲜的事物，喜欢奔跑、跳动类活动。

他们在一、二年级时学习过跑的活动，对起跑姿势，起跑的用力顺序，跑动中的摆臂、急停、急起等技术要领已基本掌握，这些对于接力跑的教学具有一定的迁移作用，有助于学生快速学习接力跑。

友善用脑强调学生是天生的学习者，按照学生的思维方式教育学生，在课堂上要按照学生已有的水平进行教学设计，而不是想当然的设计课堂教学。

五、学习过程（课堂实录）

（一）回顾旧知，学习新知

师：学习今天的内容之前，咱们先来复习一下站立式起跑，有的同学肯定会说那太简单了，对，是真的很简单，老师今天加了两个限定条件，一是必须做好起跑的姿势，二是必须沿着地下的"河流"跑，从左边出发，从右边回，不能越过小河。同学们有补充意见吗？

生：没有。

师：那我们就开始比赛，看看咱们哪个小组能够按照老师的要求完成这个任务。

生：（表现的特别兴奋，跃跃欲试的样子）

【效果分析】上课开始就采用小组比赛的方式进行旧知识的回顾，效果还是很好的，学生的脑神经迅速被动员起来，器官和肌肉也跟着活跃起来。

（二）引导学生自己探索新知，获得答案

师：咱们今天呢，在站立式起跑的基础上增加点难度，手里持一根棒子进行交接后再进行跑动。现在老师先把接力棒给大家介绍一下。谁可以告诉老师他有什么特点？

生："上下两个颜色"；"是一根硬质的木棒，如果不小心会伤到其他同学……"

师：同学们回答得非常好，这是一根长约 30cm，直径约 3cm 的木质短棒。刚才同学们也提到了具有危险性，那么同学们有什么好的方法，可以在安全的情况下，把接力棒传递到对面同学的手中呢？给各小组一分钟的讨论时间。

师：请同学们回答刚才老师提出的问题。

生："一人持接力棒的一端""接力棒不能戳到别人的脸""接棒后迅速的跑动"……

师：刚才同学们回答得非常好，老师帮助同学们总结一下：一上一下传接棒，虎口对准传棒人，接棒后迅速启动。接下来咱们按照同学们自己总结的经验进行一下练习。要求：①每组完成两次，用站姿告诉老师你们已经完成。②首先完成者可以获得小组一分的奖励。③技术动作按照老师总结的同学获得2分的奖励。

【效果分析】经过上一次的引导，加上前几次课的不断引导和强化，班级回答问题的积极性明显比以前提高了许多，能够主动动脑思考老师提出的问题，然后经过小组讨论后争先恐后地积极发言。

（三）亲身实践，加深动作记忆，优秀示范，激发练习热情

师：好的，那么咱们的练习开始。

生：（开始传接棒练习）

师：2组技术动作规范获得2分，一组跑得最快获得1分。

师：老师发现在上一轮的游戏比赛中，虽然3组没有获得名次，但是3组的某某同学不仅跑得快，而且传接棒的技术非常棒，我们请这位同学给大家做一个示范。

生：观看示范。

师：同学们，某某同学做得棒不棒？

生：棒。

师：既然大家觉得他做得这么棒，也知道他哪里做得棒，那么咱们来一次真正的接力赛，看看哪个小组能够不仅跑得快，团结度高，而且更重要的是动作做得也很棒。咱们的游戏规则和上一次一样。①每组完成两次，用站姿告诉老师你们已经完成。②首先完成者可以获得小组一分的奖励。③技术动作按照老师总结的同学获得2分的奖励。有没有信

心拿到第一名？

生：有。

师：好的，那么同学们准备好了吗？咱们的比赛即将开始。

生：（尽力奔跑）加油，加油，加油……

师：经过激烈的角逐，咱们的成果出现了，首先老师想说的是每个小组都获得了技术动作分两分。由于每位同学的体质不同，各小组的人员搭配不同，出现有快有慢的结果是非常的正常，这次是咱们的3组跑得最快，咱们接下来的游戏中，4组可以选其中一名相对实力较弱的同学从3组换一名实力相对较强的同学，咱们做到实力均衡，让咱们的游戏更具有可比性。

【效果分析】规则中第3条技术动作按照老师总结的同学获得2分的奖励，这一条规则让学生更多的关注自己的技术动作，而不是奔跑，也不是游戏，虽然学生的最后想法是拿到更多的分数，但是看到得了第一名是1分，动作规范是2分的前提下，同学们开始关注技术动作本身，这样就大大提升了本节课的学习效果。最后比赛设置的变化，让相对落后的学生有了胜利"的"信心，不会让学生产生枯燥无聊的心情。

（四）改变比赛环境，再次激发练习热情，巩固动作记忆。

师：通过老师的观察，发现现在的比赛设置已经对同学们来说没有难度了，老师现在改变一下咱们的游戏环境，看看哪个小组能够在这个游戏环境中胜出。在标志线处放置一个标志桶，不仅考验咱们同学的传接棒能力，更加考验同学们的急停急起能力呦。现在呢给咱们一分钟的小组讨论时间，都给出自己的意见，看看咱们哪个小组更聪明呦。

生："咱们在转弯处最好压低一些身体，老师说这样做会加快启动速度""在转弯的时候尽量离标志桶远点，防止绊倒""不要图快，以免掉棒"。

师：好的，咱们时间到，看同学们讨论的热火朝天的，咱们就不多说了，直接进入游戏。规则要求同上。

生：加油，加油……

师：啊哈哈，咱们的实力见分晓了，同学们认为自己小组表现棒不棒呀？

生："棒，我们赢了""棒，虽然都没得第一，但是我们很团结""不好，我们掉棒了"

师：好了，同学们听我说，我认为大家都很棒，不管拿没拿到第一名，大家都很棒，因为在游戏中我看到了大家的团结，看到了大家在互相纠正错误，看到了大家的共同努力，所以我认为这就是咱们需要学习的，这就是值得表扬的地方。所以这一次大家都加3分。

【效果分析】环境的改变，起到了促进作用，在以后的游戏中仍然要不断变换游戏环境。在游戏中出现了新的问题，就是同伴之间的抱怨问题，下次规则的设计还需要增加这方面的促进条件。

（五）在反思中成长。

师：看到大部分同学已经能够自动化地做出接力的技术动作，那老师现在要考考大家，看看谁可以用语言叙述出来，可以帮助同学们回忆一下。请举手。

生："一上一下传接棒""错肩交接""虎口对准棒"……

师：请大家为这几名同学鼓掌。好了，到现在咱们本次课的主教材已经学习完毕了，看同学们玩的那么开心，学的那么认真，老师非常开心，也希望咱们下次课上同学们仍然有这么好的表现。老师很期待！

六、课后反思

【反思1】无论是体育课还是体育游戏，其本身就是友善用脑的产物。体育课上学生远离了教师，来到了宽阔的操场上，大脑已经得到有效的放松，体育游戏更甚，在游戏中学生可以自由奔放的玩耍，可以充分地放松自己，尽情地跑跳，尽情地欢笑。而作为一名体育老师要做的就是如何将体育课上好，不是说体育课就是一个大课间、就是一个放松课。要求学生德智体美全面发展，体育也占了其中的一部分，所以我们不仅要让孩子开心，给孩子创造一个友善的轻松的环境，帮助孩子放松大脑，我们还要在这个基础之上充分地挖掘孩子的潜力，发挥他们的积极主动性，让他们把体育学好。

1. 发挥学生的积极主动性。

友善用脑强调学生是天生的学习者；既然学生不能适应老师的方式学习，那么就让老师适应学生的学习方式；给学生创造一个轻松愉快的环境。在体育游戏教学中，打破以往的游戏方法和游戏规则设计，引导学生自己思考应该注意的问题，提供素材让学生自己来设计更好的游戏。既能够充分发挥学生的主动性，又可以让学生玩得更加开心。

2. 重视小组评价。

每个人都有积极向上的心，都想表现最好的自己，那么在游戏设计上，就要增加评价环节，有了评价，才有动力，学生在游戏时，才能投入自己的全部精力。但是评价本身存在缺陷，有的学生在游戏过程中只重视结果，而忘记了评价的真正作用，反而会起到适得其反的效果。所以在评价中要突出强调教师的真正意图，让学生明白什么是在游戏中自己需要真正在意的。

3. 重视小组合作。

在本次课教学中，主教材小组合作较突出，也收到了较好的学习效果，在游戏中，因为只考虑到场地的使用情况，尽可能地减少人员的调动，以节省锻炼时间，这样造成了本节课的游戏缺少了小组成员之间的合作，没有同学之间思想碰撞，游戏效果没有主教材的课上效果好。

4. 重视课后反思。

在课堂的最后除了要对本节课的上课情况进行一个总结之外，还要对课堂知识进行一个梳理。本节课游戏结束后，没有再对本节课的主教材进行梳理。课后反思可以帮助同学进行一节课的一个总评，在课前告诉学生要学什么，在课后对学的知识进行回顾，对于学生知识的掌握相当重要。

【反思 2】经过上次课后，我没有立即进行下次课例实验，而是经过了一个强化的过程，我认为这样会收到一个更好试验效果。事实证明的确如此，下面我对本节课进行一下反思。

1. 学生的积极主动性明显增加。

本次课堂上学生回答问题明显比上次课有所进步，无论是回答的人数方面，还是在思考问题的逻辑方面，在以后的课堂上还要继续引导学生回答问题，积极动脑，让他们养成自觉学习的好习惯。

2. 小组评价规则设置上有所改变。

在评价上我增加了技术动作分，让学生开始关注技术动作，这样的游戏效果明显比之前有了些许进步，对学生的动作掌握情况进行比较后发现，掌握程度明显要好许多。但是在团队方面没有设置加分项，下次课例课上还要继续增加一些团队加分项，用评价促进学习。

（北京市义务教育课程试验教材三年级体育）

总 结

一、问题的提出

随着北京市基础教育《学科教学改进意见》的颁布，各学校都开始关注和审视学科教学中存在的问题，其中对教与学关系的把握和对教学方式的选择成为当前考量学科教学的重要方面。《学科教学改进意见》中明确指出要"依据课程标准开展教学"，"切实转变学科教与学方式"。

然而，在目前的课堂教学中，教师往往还在用"我讲你听，我说你做"的教学方式进行教学，这就造成了那些适应教师教学的学生，会被认定为"好"学生，而不适应的则被称为是"差"学生。这种传统的教学观和学生观使得很多教师不能站在学生学习的角度去思考教学问题，不能依据学生的学习特点去选择教学策略、方法，从而削弱了学生学习的主动性和创造性，造成学科教学的低效。为此，我们确定了"基于'友善用脑'的教学课例研究"这一主题，旨在通过本课题的研究，践行新型的教育教学理论，转变教师教育观和教学观，探索适应学生学习特点的教学策略、方法，促进课堂教学氛围的转变。

二、研究的目的意义

（一）课题研究的目的

依据"友善用脑"理论，通过课例研究探索既有应用价值又有学科特点的教学策略、方法、模式，实现课堂氛围的改变，使教师的教学观念得到更新。

（二）课题研究的意义

1. 通过研究、归纳符合"友善用脑"理念的教学策略、方法、模式，使教师转变观念，真正能够从学生的学习特点出发，创设适合学生发展的课堂教学环境，使学生能够通过自主、合作、探究的方式进行学习，

提高课堂学习实效。

2. 通过多学科的课例研究和课堂教学实践，形成一些既具有"友善用脑"特点又有学科运用价值的教学策略、方法、模式，把"友善用脑"理念真正落实到更广泛的学科教学中去，使其真正从理论走向应用，从而得到更多方面的认可。

三、理论依据

建构主义理论：这是一种与传统的客观主义不同的学习理论，它认为学习是一个积极主动的建构过程；知识是个人经验的合理化，而不是说明世界的真理；知识的建构并不是任意的和随心所欲的；学习者的建构是多元化的。

友善用脑理念：友善用脑是一种以人为本的教育理念，它的核心内容主要包括以下几点：

1. 每个学生都是天生的学习者。友善用脑认为，每个学生都是天生的学习者，大脑通过感觉器官把经验转化成知识和记忆，人的学习潜能是无限的，学习失败是因为缺少适当的学习方法和教学方法。

2. 如果学生不能适应教师的教学方法，教师就要教会学生以他们自己的方法学会学习。友善用脑提倡以学生为中心的教学方式，认为学习困难源于教室环境或教学方法不适合学生的学习风格，教学内容通常经由教师高度处理和概括，常常仅适合教师自己的学习风格，而不适合大多数学生。

3. 让每个学生都能轻松学习。友善用脑认为，如果教学方法得当，所有学生都能轻松学习。

四、概念界定和文献综述

（一）核心概念界定

友善用脑：它的英文原文来自于三个词：Brainfriendly（友好的、亲切的、朋友般的）；Braincom patible（相容的、谐和的、一致的）；Brain fitness（适当、恰当、健康），在翻译过程中确定为"友善用脑"。它是新西兰教育专家克里斯蒂·沃德应用最新的神经学、心理学研究成果，

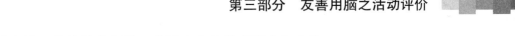

结合她一生的教育实践，总结出来的教育理念和方法。

课例研究：教师在同事或研究人员的支持下，运用观察、记录、分析、反思等手段，通过选题、选课、设计、实施与记录、课后讨论、撰写课例研究报告的过程对课堂教学进行研究的活动。

（二）文献综述

友善用脑是学习科学理念在课堂教学和学生学习活动中的具体体现，21世纪初在美国、英国、加拿大、澳大利亚、新西兰等国家的学校开展，这种把先进的教育理念和便于操作、颇具实效的教学方法相结合的课堂教学范式得到了越来越多的学生和老师们的肯定与赞扬。

2003年，友善用脑开始引入国内。2004年，北京市澳罗拉国际教育文化交流中心与北京市社会科学院合作，联合确立了北京市哲学社会科学"十五"规划课题《学习型社会中友善用脑的研究与实验》。北京市共有大中小学50所学校400多名教师参加实验。2006年，友善用脑课题实验开始在南京等多个中小学和职业学校进行。经过这些年，友善用脑的研究已经从理论探讨逐渐深入到关注每个教学环节、聚焦于具体方法和策略运用的课堂细化研究，积累了丰硕的研究成果。

北京海淀区永泰小学在友善用脑研究过程中对"教与学"的关系进行了深入探讨，认识到学生是课堂教学的主体，一种教学理念是否先进，教学方法是否科学有效，学生最有发言权。学校依托友善用脑理念形成了一些行之有效的教学策略和教学方法。

（1）变"听说"为"参与"。单一的讲授教学让孩子们厌倦，学习效果也不好。学生不能参与课堂教学的体验和感悟活动，就丧失了内在生成、自主学习的能力。教师们改变了传统的教学方法，把思维导图、音乐、健脑操等新型教学方式引入课堂，提高学生们的课堂学习效率。

（2）从"形式"到"意识"。学校从课题实验初期的只注重桌椅码放、环境布置转化为更加关注教师、学生的学习意识。教师在课上能够更多地关注学生，发挥他们的主体作用，并能有意识地掌握和应用多种先进教学手段。

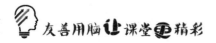

（3）改"应试"成"展示"。学校在友善用脑英语教学实验中取消了传统的书面检测，但要求每个班有一首英语班歌，要有一句英语口号。结业时，每个小组都要编创一个生活短剧，每个孩子都要承担一个角色，都要在舞台上开口、演戏。这不仅能展示孩子们的英语水平，还能锻炼他们的综合能力。在这样的学习中，孩子们真正成为了学习的主人。

南京市东山小学在友善用脑研究中探索转变学生学习方式的途径，初步形成友善用脑课堂教学的基本策略。他们强调学生在学会学习中获得发展，把教学重点落在培养学生科学的学习方式上，通过友善用脑的理念和方法使学生健康地、智慧地学习，实现全脑学习，努力让学生在轻松快乐的学习环境中用自己的学习方式高效地学习。其中具体路径包括：

（1）依据学情调查，科学组建团队。

（2）运用自学导航有效自主学习。

（3）合作交流展示，高效解决问题。

（4）梳理巩固提升，自我建构新知。

总的看来，现有的友善用脑课堂教学策略，为实施素质教育、推进新课改，促进科学的教学方式的形成提供了多方面的参考。友善用脑的理念强调依据学生的学情来确定教学，更重要的是依据学生的学情来帮助学生主动地学习，不但关注学生学习的起点，而且是从科学用脑的角度调节学生的学习状态，培养学生的学习能力，激发学生的学习动力，让学生真正成为学习的主人。所有这些教学策略和方法为实施素质教育，为教师由"主导型"向"指导型"转变，改"教师教"为"学生学"，推进新课改提供了参考和借鉴。但是，目前各友善用脑实验校研究形成的课堂教学模式，环节相对统一，教学策略、方法也更多的适用于少数学科（语文、数学、英语等）的部分课型，而在更多学科的课堂教学实践中还有一定的局限，有待于教育者结合具体的教学课例进行深入研究，形成更具学科特点、更具实效性的教学方式、策略和方法。

五、研究目标

（1）参照友善用脑理论，研究形成以学生为主体，具有自主、合作、探究特点的学科课堂教学模式。

（2）践行友善用脑理论，获得具有语文、数学、英语等不同学科特点的，操作性较强、易于推广的教学策略、方法。

（3）通过研究，使教师形成科学的教育观、教学观。

六、研究内容

1. 语文学科课例研究，重点从研发语文"综合实践课"入手，运用友善用脑理论探索培养学生语文实践能力的策略、方法、模式。

2. 数学学科课例研究，重点从学习团队建设入手，研究发挥学生主动性，提高自主、合作、探究能力的策略、方法、模式。

3. 英语学科课例研究，重点从课堂教学活动设计入手，研究提高学生英语口语表达能力的策略、方法、模式。

4. 体育学科课例研究，重点从课堂环境创设入手，研究根据学生年龄特点，使他们愉快学习的策略、方法、模式。

5. 科学学科课例研究，重点从课堂评价设计入手，研究有效开展科学课堂探究活动的策略、方法、模式。

七、研究方法

文献研究法：通过文献检索，对基于学习科学和教育学这两种不同理论支点下的课堂教学和促进学生学习方面的差异进行对比辨析，对"友善用脑"理论下课堂教学的新变化、新发展等进行理论梳理。

行动研究法：根据每个阶段研究活动的效果调整相关研究内容和方法。如：对教师们在每一次活动中表现出来欠缺的理论认识进行培训等。

课例研究法：通过在各学科进行课例的观摩、研讨、分析，探究友善用脑课堂教学的形式、策略、方法，培养教师的教学能力和科研意识。

八、研究过程

第一阶段　2015 年 4 月—2015 年 6 月

通过学习、培训，了解基于学习科学的友善用脑理论，分析友善用

脑理念在不同学科运用的现状，发现其优势和局限。建立学科研究团队，结合学科、学生特点制定研究子课题，设计研究计划。

1. 组织理论培训。对各位实验教师进行"友善用脑"理论的培训，使大家系统了解该理论的内容以及相关概念、策略，对比分析该理论在不同学科运用中的优势与局限。

2. 组建学科团队。以语文、数学、英语、科学、体育学科为重点，选择具有教学研究能力的骨干教师组成学科研究团队。

3. 制订研究计划。各学科团队在学科负责人的带领下结合前期的培训反思梳理本学科的相关问题，归纳研究主题，设计出学科组研究计划，在交流研讨的基础上确定研究步骤。

第二阶段　2015年6月—2016年1月

各学科课题实验团队立足友善用脑理论和学科特点通过课例研究的方式探索调动、挖掘学生的学习潜能，发挥学生的主动性，让学生学会学习、热爱学习，探索提升学科课堂教学实效的策略和方法。

1. 布置研究任务。各学科组依据研究计划分阶段安排学期研究任务，使每位参与教师了解整体的研究进程，明确自己的职责和任务。

2. 实施课例研究。各学科组按照研究计划有次序地开展学科课例研究，严格研究步骤，相关负责人全程参与研究，把握研究进程，指导研究方法。

3. 组织交流研讨。定期组织学科组之间的经验交流和问题会诊，及时发现研究过程中的困难，聘请课题专家予以指导和引领。

4. 形成过程材料。各组及时布置并收集过程材料，如：教学设计、教学实录、课例反思、学习笔记等等，为研究提供第一手材料。

第三阶段　2016年3月—2016年6月

通过不同学科的教学课例研究，探索友善用脑课堂教学的形式，并用学科教学理论及时调整完善课堂教学流程，在减轻学生学习负担，提高学生学习能力，更新教师教学策略方面进行积极探索。

1. 提炼典型课例。各学科组在积累的课例中选择有代表性的作品进

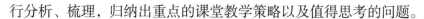

行分析、梳理，归纳出重点的课堂教学策略以及值得思考的问题。

2. 跨学科交流。组织跨学科组的课例展示和研讨活动，通过团队合作的形式提炼适合相关学科的教学策略，集体破解难点问题，修正研究的偏差。通过专家的引领和点拨提升研究的成效。

3. 形成阶段成果。结合交流，归纳总结自己的阶段研究报告。

4. 教学策略检验。在教学中尝试相关教学策略，检验研究成果的有效度。

第四阶段　2016 年 9 月—2017 年 1 月

各学科研究团队总结、汇报、交流各自的研究成果，编辑教学课例集。课题组进行课题成果梳理，形成课题研究研究报告，申请结题。

1. 学科研究总结。各学科结合研究材料梳理提炼，形成研究总结。

2. 学科研究交流。进行不同学科的成果交流，专家点评提升。

3. 编辑出版基于"友善用脑"的教学课例集。

4. 形成课题结题报告。

九、研究成果

（一）归纳出基于"友善用脑"的教学策略、方法

1. 创设学习情境，引发积极情绪。

学习情境即教学情境，是指在课堂教学中，根据教学的内容，为落实教学目标所设定的，适合学习主体并作用于学习主体，产生一定情感反应，能够使其主动积极建构性学习的具有学习背景、景象和学习活动条件的学习环境。教学情境可以贯穿于全课，也可以是课的开始、课的中间或课的结束。

在传统课程的教学中，课堂教学强调以教学大纲为纲，以教材为本，课堂教学过程中基本以教材安排的内容和顺序进行，学生以被动接受式学习为主，教师基本不需或很少创设与教材不同的教学情境。新课程从以人为本、回归生活、注重发展的教育理念出发，大大丰富了情境的内涵，并对情境创设提出了新的要求。

"友善用脑"理念认为学生只有在轻松愉悦的氛围中才能实现主动

而有效的学习。在教学课例研究中，学科教师在课堂情境创设上进行了多方面的尝试。教师在课堂教学活动中通过挖掘教材的内涵和外延，结合学生的实际情况和心理特点，运用多种方式为学生创设各种课堂学习情境，调动各种感官，充分让学生的身心动起来，活起来，愉悦身心。学生在学习情境中获得轻松愉悦的情感体验，形成稳定的学习情境，真正成为自主学生的主人。

体育学科研究的主要内容是"课堂环境创设"，他们在这方面进行了积极的尝试，逐步归纳出"设计游戏活动，营造轻松氛围"的教学策略、方法。例如，周晖老师在教授"足球"这个内容时，设计了"找朋友"、"小仓鼠抢大米"、"抱球滚动"等游戏，通过这种声像并茂、动静结合、情景交融的感官刺激，让学生犹如身临其境，使之情绪高涨、练习踊跃，激发起学生练习兴趣和参与欲，极大地调动了学生的学习积极性和主动性，从而提高学习效率。

同时，其他学科团队也在情境创设方面有了大胆的实践。其中，数学学科团队就归纳出"设计问题情境，引发学生兴趣"的教学策略、方法。教师们认为是兴趣是脑科学中自觉能动性的重要组成部分，学生如果对学习发生兴趣，他就会酷爱学习，就可以持久的集中注意力，保持清晰的感知，激发丰富的想象力和创造性思维，产生愉悦的情绪体验。为此，在教学中可以通过创设问题情境，营造科学用脑的氛围，激发学生学习兴趣。

例如，在《篮球场上的数学问题》一课中，魏麒元老师从学生感兴趣的篮球场引入，用真人模拟的形式引导学生思考场地中间的大圆是如何画出的？这一问题情境的创设使学生能和以往所学知识进行联系对比，产生认知冲突，成功调动了学生的探究问题的积极性，也为后面的合作学习做好了铺垫。

2. 利用形成性评价，提高成功体验。

形成性评价是指在活动运行的过程中，为使活动效果更好而修正其本身轨道所进行的评价。形成性评价的主要目的是为了明确活动运行中存在的问题和改进的方向，及时修改或调整活动计划，以期获得更加理想的效果。

在教学中，教师预先设计、制作"友善用脑"课堂评价表，授课前张贴于黑板一侧。授课时，通过小组互评、学生自评、教师点评等方式，将形成性评价贯穿于整个课堂教学中，教师适时以画星的方式在评价表中针对各小组的表现做出标记以示奖励，使学生不断获得成就感。在这方面，科学学科团队进行了认真的研究，他们以"课堂评价设计"作为自己的研究内容，以倾听、表达、合作等多个维度进行了评价研究，取得了一定的成效。

例如，在科学学科《水》一课中，赵秋雪老师就成功地通过评价实现了对学生学习的指导。由于本节课的重点是实验操作，所以教师在实验开始前，先提出清晰、具体的实验规则，使学生对实验的目的心中有数。在实验过程中，教师借助"友善用脑评价表"从倾听、表达、合作等方面进行适时评价。当老师发现第四组的某些同学在小组学习中对于同伴"不理不睬"时，"故意"提议该小组进行集体汇报，并结合评价表，组织大家对该小组同学的观察、补充、纠正等方面进行有针对性的点评。这样一来，不仅使该组同学找到了合作学习中的不足，也为其他小组提供了参考。这一评价方法的使用使同学们在接下来的学习中能够更自觉地遵守实验规则，追求学习效果的主动性更强了。

课堂评价策略、方法的使用，有利于帮助学生及时发现自身的优势与不足，纠正和培养学生养成课堂学习习惯。当然，这种评价方法在其他学科团队中也在尝试使用，但是由于学科不同，课型不同，教师所采取的形式也不尽相同。

3. 设计课堂活动，提供展示舞台。

我们通常所讲的课堂活动是指教师为了解决某一个问题，或为了使学生对所学内容加深理解和体验，而由教师精心设计的、利用一种能使学生主体更充分展示出来的互动形式进行的教学活动。课堂活动在形式上包括提问、辩论、讨论、表演、歌唱、制作、比赛、游戏等等。

　　传统的教学注重讲授，学生只能是听众，主动表现和个性表达的机会很少，这很大程度上限制了学生的个性发展。"友善用脑"强调"每个学生都是天生的学习者"，力求发挥学生的个体潜能。在课例研究中，学科教师充分领会了这一教育理念，大胆放手，为学生提供了更多的展示和表达的机会。在这方面，英语学科团队以"教学活动设计"为研究内容进行了探索和实践。研究过程中，教师们有效利用了学校教室的设施——长而宽的讲台。大家觉得讲台不是为了凸显教师的地位，而是学生展示的舞台。而这个舞台上，学生们就是演员，表演课文时，他们就是书中的人物。为此，他们开始在英语课上引导学生创编和表演剧本。刚开始的时候，学生们会不好意思，胆怯的不想上来。但是渐渐的，他们发现，在舞台上犯错也没什么，而要想取得更好的成绩，他们在课堂练习的时候就要更加努力。通过剧本的编演，每个学生都在英语课上有机会展示自己，大家平等合作，摒弃了传统课堂上的"优差"之分。

　　以活动代讲授，以展示代问答，这样的课堂使学生更加主动，这一点在其他学科团队中也在实践、摸索，尤其在以实践活动为主题的课型中表现最为突出。

　　4. 给足实践空间，达成团队合作。

　　合作学习是指学生为了完成共同的任务，有明确的责任分工的互助性学习。合作学习鼓励学生为集体的利益和个人的利益而一起工作，在完成共同任务的过程中实现自己的理想。

　　知识离不开实践，学习离不开合作，而课堂教学中的合作实践很大程度上有赖于教师的放手。"友善用脑"理念提倡学生用"自己的方式学习"，而这需要足够的"空间"。在本次课例研究中，教师们用自己的课堂充分诠释了"友善用脑"的理念，为学生打开了合作学习的大门，在这方面，数学学科团队研究的尤其深入，效果比较明显。

　　例如，在《篮球场上的数学问题》一课中，魏麒元老师组织学生以组为单位各自在一张大纸上画一个最大的圆，团队中每个人的分工各有不同，有固定纸张的，有确定圆心的，有确定半径画圆的，有展示讲解说明的，充分展现了每位学生的风采。在这堂课的整个教学过程中，教师"顺学而导"，由点（一个问题情境）及面（多个问题的提出），诱发了学生的问题意识，体现了教学的"长度"；活动探究中学生由书本上的画圆方法联想到其他方法，并验证其可行性，展示了教学的"宽度"。学生通过交流、碰撞，不断丰盈自己的认知，也积累了学会"数学的思考"和"数学的表达"的经验。在碰撞交流的过程中，个性得以张扬，能动性得以激发，创造力得以培养，不同层次的学生思维的深度和广度得以延伸。这样的"友善用脑"课堂，真正促进了"综合实践"数学活动的开展。

同样的团队学习也出现在语文课堂上。语文团队的研究重点正是放在了"综合实践课"上，因此，学习团队建设与运用也成了他们课堂实践中的亮点。例如，吴春艳老师在《配音综合实践活动》一课中引导学生以团队合作的形式制定"配音评价标准"。在这一学习活动中，学生学习的积极性被充分调动起来，他们"八仙过海，各显神通"，有的同学查找资料，有的同学去请教配音老师，有的同学征求同学们的意见，这一过程才是真正的探究学习。在接下来的"配音"环节中，教师鼓励同学们自主选择喜欢的影片进行练习，给了学生更大的自由空间，极大地调动了学生参与活动的积极性，课堂气氛活跃，达成了让学生轻松学习的"友善用脑"课堂标准。

5. 活用思维导图，完成学习梳理。

思维导图，又叫心智图，是表达发射性思维的有效的图形思维工具。是一种革命性的思维工具。简单却又极其有效。思维导图运用图文并重的技巧，把各级主题的关系用相互隶属与相关的层级图表现出来，协助人们在科学与艺术、逻辑与想象之间平衡发展，从而开启人类大脑的无限潜能。

思维导图不仅是知识间联系的脉络图，更能够体现学生的自主思维过程。课前以及课下，都可以可以引导学生结合思维导图对所学的主要内容以放松的多感官方式进行学习，帮助学生建立对知识的综合把握。

在这方面，语文、数学、英语、科学等学科团队在课题研究中都有涉足。

例如，在英语学科，王芳老师教学的四年级上册第三单元关于中、西方节日的话题中，上课前几分钟的预热复习环节，教师就通过PPT呈现思维导图，学生在图片的支持下，复述了中秋节、重阳节、元宵节及端午节等中国传统节日的时间及活动。学生将课堂中所学的语言内化，并通过展示的方式呈现出。这样既检测了学生的学习效果，同时又潜移默化的引导学生在以后学习节日话题时，需要对哪些方面进行了解学习。不仅在课上，课下也可以让学生通过思维导图梳理自己所学知识，并强调要加入之前所学的相关内容。鼓励那些有创造力，导图思维逻辑鲜明的同学，为其他同学树立优秀的榜样。

（二）初步形成基于"友善用脑"的学科教学模式

教学模式是指具有独特风格的教学样式，是就教学过程的结构、阶段、程序而言的，长期而多样化的教学实践形成了相对稳定的，具有特色的教学模式。教学模式是一定的教学理论或教学思想的反映，是一定理论指导下的教学行为规范。

本课题在"友善用脑"理念的指导下，通过反复的实践、反思，部分学科组初步归纳出一套课堂教学模式，具体分为以下五个层次：

1. 营造情境，引入新知。这一部分是课堂的起始阶段，主要通过创设轻松愉悦的学习氛围引导学生顺利进入学习状态，初步明确本课时学习的方向，为后面的学习奠定基础。

2. 合作学习，探究新知。这一部分是课堂学习的重点环节，主要是学生根据学习目标、任务以小组合作的方式进行自主的探究、尝试、体验，最终实现信息的收集或问题的解决。在这个过程中，教师的任务是参与、启发、评价，而不做过多的讲解和干涉，真正把学习的空间还给学生，使他们能够根据自己的方式学习。

3. 汇报点评，掌握新知。这一部分是知识梳理和碰撞的阶段，各学习小组选取代表或全员参与，和大家交流学习的收获。在这一过程中，教师要适时地进行点评、启发和示范，使大家的交流时刻指向学习目标

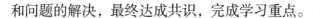

和问题的解决，最终达成共识，完成学习重点。

4. 活动展示，运用新知。这一部分是知识的实践和内化环节。教师要根据学生多感官学习的特点设计展示、表演、实践的内容，使学生尽可能地参与其中，在活动中完成本课新知的掌握。

5. 冥想反思，回顾新知。这一部分是学习的尾声，即通过静下心来反思和感受，在此重温本课的学习重点，感受学习带来的成功体验。

以上教学模式在数学、语文、英语等学科得到运用，在调动学生兴趣，促进自主合作方面取得了较好的效果。例如，数学学科的《比较大小》、《自行车里的数学问题》、语文学科的《毛主席在花山》等获奖课例，均是采用的这种教学模式。不过，在各学科的教学中，教师会根据具体课型及学习内容进行适当的环节增减。如，在低年级教学中，还会在课中安排"小息"环节，利用自编的儿歌、手指操等形式调整学生的学习状态，恢复注意力。

十、研究效果

（一）教学观念的转变

"友善用脑"理念强调学生是学习的主人，坚持"如果学生不能适应教师的教学方法，教师就要教会学生以他们自己的方法学会学习"。目前，在课题实验教师的课堂上，老师能够充分尊重学生的认知规律，尊重学生的年龄特点，尊重学生的发言和见解，为学生提供充足的时间和空间去探究，并按学生的大脑特点适时的安排课中游戏以及课后的冥想，来进一步让学生更好地学习、理解、感悟、掌握、运用知识。教师们教学意识的转变也促进了个人教学能力的提升和教学成绩的取得。2016 年 5 月，我校李杨、魏麒元老师的"友善用脑"课《比较大小》、《自行车里的数学问题》参与了市级展评活动，得到了专家的认可，分别获得了二、三等奖的好成绩。2016 年 11 月，孙占玲老师的《毛主席在花山》一课参加了"友善用脑"高峰论坛交流展示，受到了北京市总课题组的表扬。

（二）课堂氛围的改善

课堂氛围是在教学过程中产生、发展起来的，它是我们教学活动顺利进行的心理基础，也是进行创造性教学的必要条件。通过研究实践，课题实验教师所在的课堂氛围都发生了不同程度的改变，教师已将课堂学习的主动权交还给了学生，尽可能地让每个学生都能轻松愉悦的进行学习。现在的课堂教学再不只是老师怎么讲，学生怎么学。小组的建立，实践的增多，气氛的活跃，这一系列的变化充分体现了"友善用脑"理念：每个学生都是天生的学习者。2016 年 4 月，课题成员路敬老师曾为内蒙古校长考察团做科学学科观摩课《斜面》，大家对课堂教学氛围一致肯定，觉得非常适合学生的自我成长。2016 年 6 月，我校课题组成员吴春艳、魏麒元、路敬等老师参与了北京市学科实践活动现场展示，他们的课均获得了专家的好评，为学校赢得了荣誉。

（三）研究能力的提升

以前，教师们习惯于写教学设计，也时常写教学反思，却很少写"课例"，关于"课例"的撰写方法知之甚少。通过参与本次教学课例研究，课题实验教师在"课例"撰写和应用方面有了"突飞猛进"。在本次课题研究中，所有参与者都不同程度地经历了"课例"的创作，从集体备课到课堂实践，从课后反思到成果收集，不同学科、不同类型的"课例"在集体的智慧下逐渐成形，完善。在反复的研究、交流中，大家认识到"课例"既是教学研究的方法之一，又是重要的研究成果。只有真正扎实有序地开展课题研究才可能形成有价值的"课例"，而"课例"的撰写过程也正是教师教学研究能力得以提升的过程。2016 年 2 月，魏麒元、周晖、吴春艳、李杨等多位老师的"友善用脑"教学课例获得大兴教育研究征文二、三等奖。2016 年 5 月，《阶段总结》获大兴区科研征文一等奖，并发表于大兴教育研究增刊。《开题报告》获一等奖。教师研究能力的提高也促进了学校科研工作的整体发展，2016 年 10 月，我校分别获得北京市和大兴区科基础教育研示范学校的荣誉称号。

十一、研究结论

通过基于"友善用脑"的学科课例研究我们得出了如下结论：

（一）"友善用脑"理念的运用能够促进教师教学观念的更新

"友善用脑"是一种基于学习科学的理论，在其指导下的学科教学也就注定要以学生的发展为中心，这种教学观念的变革对于已经习惯于从自我角度出发的教师们来说确实是一种挑战。所以，本次课题研究的过程其实也正是对"友善用脑"理念的学习和理解和运用的过程，而且这个过程是循序渐进的。从课题立项至今，课题团队历经了专家培训、现场观摩、集体教研、课例反思等一系列研究活动，大家不断体验着新旧理论之间的碰撞，也正是在这个学习与实践的过程中，教师的教学观念发生了转变。

（二）"友善用脑"理念的运用能够促进教学策略、方法、模式的变革

教学策略、方法、模式是完成学科教学的必要手段，是与具体的学科教学情境相适应相融合的，要在庞杂的教学行为中分离出有价值的东西，需要新型的教育理念作为支撑。通过对"友善用脑"理念的学习与解读，各学科团队结合教学中亟待解决的问题确定了本学科的研究内容，并通过一系列的课例研究进行实践、反思、梳理，从而获得了充足的研究资源，最终归纳出具有学科特点和理论价值的教学策略、方法、模式。同时，这些策略、方法、模式也实际运用中得到了多学科的验证。

（三）"友善用脑"理念的运用能够促进课堂氛围的改善

积极的良好的课堂氛围，会给教师和学生带来愉悦，使师生双方精神焕发，思维活跃，灵感迸发。"友善用脑"作为一种学科科学理念强调尊重学生的心理特点，提倡顺应学生的学习方式进行教学。在本次课题研究中，各学科团队依据"友善用脑"理念来设计教学流程，选择教学策略、方法，变教师讲授为小组学习式，变师生问答为生生交流，变书面检测为展示汇报。这样的课堂使学生成为了真正意义上的学习者，他们营造着课堂，也享受着课堂。

十二、存在问题及以后设想

1. 基于"友善用脑"的教学研究还有待深入。由于研究水平与研究时间所限，还没能将"友善用脑"理念更深入地运用到更多的学科课型中，从而形成更丰富的教学策略、方法。

2. 基于"友善用脑"的教学效果评价还较薄弱。研究所取得的成效较多地体现在教师的认可度方面，而对于学生自身的学习兴趣、学习体验、学习效果还缺乏更加具体的考量与分析。

结合以上问题，今后将深入进行以学生为主体的教学课例研究，形成更加丰富、有效的教学策略、方法和教学形式。